MERIAN *live!*

Fränkische Schweiz

Johann Schrenk

GU GRÄFE UND UNZER

Nicht nur das Wiesenttal kennt wildromantische Felsenformationen

Inhalt

Burgenbekrönte Höhen und romantische Täler, geheimnisvolle Höhlen und skurrile Felsen – ein Paradies für Wanderer, Kanusportler und Kletterbegeisterte!

Die Fränkische Schweiz, eine vielfältige Naturregion im Städtedreieck Forchheim-Bamberg-Bayreuth, gehört landschaftlich zur Fränkischen Alb, deren waldreiche Ausläufer sich vom Oberen Main bis hinunter zum Ries erstrecken. Entstanden ist diese Mittelgebirgsformation vor ca. 190 Millionen Jahren, als sich das Keupermeer zurückgezogen hatte und infolge vehementer Erdbewegungen erneut gewaltige Wassermassen in das Gebiet eingebrochen waren. Die heutige Frankenalb lag am Rande des so entstandenen Jurameeres. Die Kalkalgen und Korallen dieses jüngsten Meeres bildeten nach dessen Verlandung im Tertiär, also vor ca. 60 Millionen Jahren, den Grundstock für die Herausbildung der Jurahöhen. In das weiche Gestein schnitten die Flüsse tiefe Täler. Wind und Wetter sorgten schließlich dafür, daß die Landschaft immer bizarrere Formen annahm. »Bodenerosion« nennt das der Fachmann.

Typisch für die Fränkische Alb sind die sogenannten **Dolomitfelsen**, steil aus dem Tal auf-

Auf der Burg Rabeneck wird noch heute nach ritterlicher Manier getafelt

ragende und zuweilen skurril geformte Gesteinstürme, sowie die zahlreichen Trockentäler, Vertiefungen (**Dolinen**), mit Furchen durchsetzte Steinrippen (**Karren**) und Höhlen. »Schuld« an diesem Landschaftsbild war das weiche Gestein des Weißen Jura (**Malm**). Kalk und Gips wurden durch Wasser und Kohlensäure aufgelöst (**Korrosion**). Die Böden wurden durchlässig und bildeten Risse, Klüfte und Fugen, in welche dann das kohlensäurehaltige Wasser weiter eindrang und ganze Hohlräume unter Tage schuf. Zahlreiche Höhlen und Erdlöcher sind auf diese Weise entstanden. Zahlreiche Höhlen sind heute begehbar. Es empfiehlt sich aber, dazu die angebotenen Führungen zu nutzen und sich dafür warm anzuziehen.

Zwei Gesichter einer Region

Die wasserdurchlässigen Böden haben so manches Trockental geschaffen und auf den Hochflächen für eine folgenschwere Wasserarmut gesorgt. Das Leben »auf der Alb« war und ist kein Zuckerschlecken. Der chronische Wassermangel, das rauhe Klima und die weitflächigen, oft unfruchtbaren Böden haben keine dichte Besiedlung aufkommen lassen. 50 Einwohner kommen hier im Durchschnitt auf einen Quadratkilometer. Die Dörfer schmiegen sich schutzsuchend in die von Wind und Wetter geschaffenen Geländemulden. Ganz anders in den Tälern. In den Höhlen und geschützten Uferzonen der Flüsse ließen sich schon in vorgeschichtlichen Zeiten erste Siedler nieder. Sie ernährten sich vom Fischreichtum der Wiesent und streiften jagend und sammelnd durch die Wälder. Deren kostbares Holz wurde über Jahrhunderte hinweg in die Täler verbracht und in einer der zahlreichen Sägemühlen verarbeitet. Ganze Generationen lebten davon.

Bunte Allegorien zieren die Fassaden des Bamberger Rathauses

Die bizarre Formenwelt der Flußtäler und die geheimnisvolle »Unterwelt« des Juragebirges ließ vor über einhundert Jahren die Herzen der Romantiker höher schlagen und schuf so die Grundlage für den Tourismus unserer Tage, der heute für zahlreiche Familien in der Fränkischen Schweiz die Haupterwerbsquelle darstellt.

Die »Entdeckung« einer Landschaft

Eine Pfingstwanderung im Jahre 1783 rückte das »Muggendorfer Gebirg« in den Blickpunkt des öffentlichen Interesses. **Ludwig Tieck** und **Wilhelm Heinrich Wackenroder** entdeckten die Romantik des Wiesenttales im Städtedreieck Forchheim-Bamberg-Bayreuth. Gefühlvoll, ja schwärmerisch berichteten die beiden Freunde von ihrer ersten Reise, die sie in der Zeit vom 17. bis 28. Mai über Streitberg, Muggendorf und Sanspareil nach Bayreuth führte: »Um Streitberg ist eine der schönsten Gegenden, die wir auf der ganzen Reise gesehen haben. Das Dorf liegt am Eingang eines Tales, das sich in mäßiger Breite zwischen bewaldeten Felsen, aus denen aber viele nackte Blöcke und Pfeiler hervortreten, in manchen Krümmungen durchwindet. Durch das Tal schlängelt sich die Wiesent, von kleinen Büschen eingefaßt und von frischen Wiesen umgeben. Der kleine Fluß ist merkwürdig, weil er die größesten und wohlschmeckendsten Forellen gibt, die man hier beständig haben kann.«

Begriffe von der »individuellen Landschaft« und der »heiligen Empfindung, die die Natur hervorruft« machten die Runde, und Tieck setzte noch eins drauf: »Das Rauschen des Waldes, ein Bach, der vom Felsen fließt, eine Klippe, die im Tal aufspringt – es kann mich in einen Taumel versetzen, der fast an Wahnsinn grenzt.« In die gleiche Kerbe schlugen **Ernst Moritz Arndt** (»heilige Natur«), **Karl Ludwig Knebel** (»der schönste Weg der Welt«) und **Jean Paul** (»von einem Paradies durch das andere«).

Der Landschaftsbegriff »Schweiz« wird geprägt

Dichter, Musiker, Maler und Naturkundler überboten sich in der Romantisierung des Wiesenttales. Vor diesem Hintergrund eines neuen Natur- und Landschaft-»gefühls« wurden ganze Regionen durch die Bezeichnung »Schweiz« verklärt (fünf davon alleine im heutigen Franken). Doch erst im Jahre 1812 tauchte zum ersten Mal der Name »**fränkische Schweiz**« auf, »fränkisch« dabei klein geschrieben. Die heute geläufige Bezeichnung »Fränkische Schweiz« geht auf das gleichnamige Buch eines Johann von Plänckner aus dem Jahre 1841 zurück, seinerzeit ein vielbegehrtes »Taschenbuch für Reisende«.

Die räumliche Abgrenzung der Fränkischen Schweiz fällt nicht leicht. Wer sich allerdings ernsthaft mit ihrer Geschichte befaßt, wird unweigerlich zu dem Schluß gelangen, daß nur die Wiesent mit ihren Seitentälern (Aufseß, Leinleiter, Trubach, Püttlach und Ailsbach, um die wichtigsten zu nennen) als die eigentliche Fränkische Schweiz bezeichnet wurde, auch wenn man sich in den Nachbarregionen die größte Mühe gibt, dazuzugehören.

Naherholung für streß- geplagte Großstädter

Ob Nürnberger, Fürther, Erlanger, Bamberger oder Bayreuther: sie alle betrachten die Fränkische Schweiz als ihren »Vorgarten«, als ihre »grüne Lunge« oder als ihr »zweites Zuhause«. »Die Fränkische« wird sie von ihnen liebevoll genannt. »Naherholungsgebiet« nennt man das im nüchternen Beamtendeutsch.

Es gibt keine Fortbewegungsart, in der sich eine engräumige Landschaft wie die der Fränkischen Schweiz besser erschließt als die des Wanderns. Nur wer sich selbst einmal nach herzhaftem Frühstück auf den Weg gemacht hat, ausgestattet mit solidem Schuhwerk und kleinmaßstäbiger Wanderkarte, wird ermessen können, welchen Zauber eine Landschaft im Frühjahr oder im Herbst verbreitet, welche Düfte in den Wäldern und auf den Wiesen vorherrschen, wie sich ein Bächlein in einen Fluß verwandelt und was es bedeutet, nach einem ereignisreichen Wandertag ein wohlverdientes Mahl zu sich zu nehmen und einen Krug mit selbstgebrautem Bier zu leeren.

Das dichte und gutmarkierte Netz von Wanderwegen führt den Besucher zu den schönsten Plätzen und Orten, erschließt die Fauna und Flora der Wiesent und ihrer Nebenflüsse hautnah und weist bei jeder sich bietenden Gelegenheit auf die Hinterlassenschaften einer zweitausendjährigen Geschichte hin oder auf einen der zahlreichen Landgasthöfe, in dem man es sich wohl munden lassen kann. In jedem Verkehrsamt liegen Wanderkarten und -führer auf, wer-

Das Forchheimer Rathaus zählt zu den schönsten Fachwerkbauten Frankens

den Routenvorschläge unterbreitet oder Tips für Sehenswertes weitergegeben. Die Wanderfreunde stehen in der Fränkischen Schweiz nach wie vor hoch im Kurs. Da murrt kein Gastwirt, wenn man sich den großen Hunger für abends aufhebt oder nur für eine Nacht Quartier sucht.

Unterwelt und Höhlenlatein

Venusgrotte, **Kalvarienberg** oder **Barbarossa-Dom**: wohlklingende Namen einer steinernen Unterwelt, phantastische Gebilde eines seit Millionen von Jahren andauernden Naturspiels. Im Jahre 1771 öffnete der Landpfarrer Friedrich Esper aus Uttenreuth mit seinem Buch über die Muggendorfer Höhlen das Tor zur Erforschung der Höhlen. Über Nacht war das »Muggendorfer Gebirg« in aller Munde. Namhafte Höhlenforscher bereisten das Wiesenttal und schlugen erste Breschen für einen bis heute andauernden Höhlentourismus. Die Teufelshöhle bei Pottenstein und die Binghöhle bei Streitberg sind nur die bekanntesten unter den nahezu 2000 registrierten Höhlen in der gesamten nördlichen Frankenalb. Knapp 50 davon sind innerhalb der Fränkischen Schweiz begehbar, einige nur im Rahmen einer Führung.

Hierbei erfährt man nicht nur Wissenswertes über die vorgeschichtlichen Höhlenbewohner, deren Skelette plötzlich in einer der Höhlennischen auftauchen. Die eloquenten Höhlenführer lassen einen endlich auch den Unterschied zwischen **Stalagmiten** und **Stalaktiten** verstehen, eine ideale Möglichkeit, bei einem geselligen Abend mit seinem naturkundlichen Wissen zu brillieren.

Die Teufelshöhle hilft auch bei Atemwegserkrankungen

Also: **Stalagmiten** sind Bodentropfsteine und **Stalaktiten** Deckentropfsteine. Letztere entstehen, wenn das säurehaltige, kalkbindende Regenwasser an der Höhlendecke Tropfen bildet, dabei der im Wasser gelöste Kalk wieder fest wird und in Form von Kalzit an der Decke hängenbleibt. Die Bodentropfsteine entstehen, wenn das Wasser bis zum Boden gelangt und bei diesem Auftropfen ebenfalls der Kalk ausgeschieden wird. In beiden Fällen kommt es zu phantastischen Gebilden, vor denen die Höhlenbesucher staunend verweilen, während bereits neue Tropfen in ihre Mantelkrägen rinnen. Also Vorsicht: Es ist nicht nur bitterkalt – im Sommer empfindet man 6 Grad Celsius durchaus als Kälte –, es tropft auch allerorten, so daß warme und wasserdichte Kleidung ratsam ist.

Brauchtumspflege großgeschrieben

Kein Brauch prägt die Fränkische Schweiz mehr als das Schmükken der Dorfbrunnen mit österlichem Dekor. Farbige Girlanden, Bänder und buntbemalte Eier zieren die zahlreichen **Osterbrunnen** in den Tälern der Wiesent, Aufseß, Trubach und Leinleiter. Bis zu 7000 Ostereier schmücken einen Brunnen – ein Brauch, der auf vor- und frühgeschichtliche Zeiten zurückgehen dürfte, als man das Ei als Symbol der Fruchtbarkeit und das Wasser als Lebensquell schlechthin verehrte. Wer eine erlebnisreiche »Fotosafari« zu den schönsten Osterbrunnen in der Fränkischen Schweiz unternehmen will, der kann solch eine Osterfahrt beim Städtischen Fremdenverkehrsamt Forchheim buchen. Es bietet

Zu jedem Anlaß eine andere Tracht

zwei Touren an: Osterbrunnen im Wiesent- und Trubachtal sowie im Leinleiter- und Aufseßtal.

Nicht wegzudenken sind die Trachten aus der gewachsenen Kulturlandschaft der Fränkischen Schweiz. Die traditionelle Vielfalt wird bis heute gepflegt. Im Fränkische-Schweiz-Verein bemüht sich ein »Arbeitskreis Trachten« um die Erhaltung und Erneuerung der überlieferten Gewänder. Tücher, Röcke und Brautkronen unterscheiden sich je nach Herkunft, sozialem Status und Glaubensbekenntnis. Sonntagstrachten heben sich vom Werktagsgewand ab, und auf dem Lande kleidete man sich anders als in den vom Bürgertum geprägten Städten. Auch der Anlaß spielte eine entscheidende Rolle: Die Hochzeitstracht glich nicht der Trauerkleidung, und im Sommer schlüpfte man in ein anderes Gewand als im Winter. Wen wundert's, daß alleine durch diese Vielfalt über 200 Trachten für das Gebiet der Fränkischen Schweiz verbürgt sind. Zentren der Trachtenpflege sind der **Mistelgau** im Nordosten und die Gegend rund ums **Walberla** im Südwesten der Fränkischen Schweiz. An den hohen Festtagen kommt es hier vor, daß sich auch die Männer in ihrer historischen Tracht blicken lassen! Das **Fränkische-Schweiz-Museum** in Tüchersfeld oder die kleinen Heimatmuseen, wie das in Ebermannstadt, dokumentieren auch für die Besucher der Fränkischen Schweiz etwas von der Vielfalt der heimischen Trachten.

Wer verspürt bei einem solchen Wirtshausschild nicht Durst?

Frischer Fisch und geräuchertes Bier

Im klaren Wasser der Wiesent und ihrer Nebenflüsse und auf den saftigen Wacholderheiden sind sie zu Hause: die **Bachforelle** und das **Jura-Lamm**. Und gegen den Durst gibt es kaum etwas Besseres als das **dunkle Rauchbier** aus der hauseigenen Brauerei. Welche Landschaft hat auf so engem Raum Vergleichbares zu bieten! Spezialitäten, die für manchen schon Grund genug für einen Besuch in der Fränkischen Schweiz sind. Daß es die heimische Küche versteht, diese drei »Grundnahrungsmittel« aufs köstlichste zuzubereiten und dabei allerlei Varianten ins Spiel zu bringen, hat deren guten Ruf begründet.

Doch man beläßt es in der Fränkischen Schweiz nicht dabei, Fisch, Fleisch oder Bier nur als Konsumgüter anzubieten. Die Besucher der Fränkischen Schweiz haben die Möglichkeit, mit dem Fliegenfischen, einer für das Wiesenttal typischen Angelart, selbst für den Mittagstisch zu sorgen, können in eigens dafür bestimmten Metzgereien Frisches vom Jura-Lamm mit nach Hause nehmen und werden nach einem Schnellkurs in Sachen Braukunst mit einem »Bier-Diplom« gekürt.

Im Jahre 2001 wird der **Fränkische-Schweiz-Verein e.V.** sein einhundertjähriges Bestehen feiern. Die über 5000 Mitglieder der 40 Ortsgruppen werden dann voller Stolz auf ein schaffensreiches Jahrhundert zurückblicken und ein bis heute reges Vereinsleben Revue passieren lassen. Daß die Fränkische Schweiz vor allem durch ihre Attraktivität für Wanderer zu dem wurde, was sie heute ist, wird nicht vergessen. Das immer noch gutausgeschilderte und dichtmarkierte Wegenetz geht schließlich auf die Initiative der Vereinsgründer zurück. Und doch ist in den letzten Jahren ein Wandel zu verspüren. Dem »Kulturraum« Fränkische Schweiz wird mehr Augenmerk gewidmet. Der »Theatersommer« der Gangolfbühne zu Hollfeld, die Kunstwerk-Seminare von Wolkenstein oder die Vielzahl von Ausstellungen, Konzerten und Lesungen schaffen ein erweitertes Image, wecken neue Bedürfnisse und könnten mittelfristig dazu führen, den Besucherschwund mehr als nur wettzumachen. Dabei hat sich das enge Zusammenspiel zwischen dem Fränkische-Schweiz-Verein e. V. und der Tourismuszentrale bestens bewährt. Nicht von ungefähr residieren beide Institutionen am Oberen Tor Nr. 1 in Ebermannstadt.

LESETIP

Aus der Fülle der Fränkische-Schweiz-Bücher ist das Buch des jüngst verstorbenen Schriftstellers **Hans Max Freiherr von Aufseß** mit dem Titel **Meine Fränkische Schweiz** (Ackermann Verlag, Hof) empfehlenswert. Der seinerzeit auf Schloß Oberaufseß wohnhafte Autor führt zugleich in die Geschichte und in die Seele der Fränkischen Schweiz ein. Natürlich sollte man es als Verehrer der großen Romantiker nicht versäumen, **Jean Paul** oder **Victor von Scheffel** im Original zu lesen. Eine gute Zusammenfassung bietet in dieser Hinsicht die Neuerscheinung **Die Entdeckung der Fränkischen Schweiz durch die Romantiker** (herausgegeben vom Kulturamt des Landkreises Forchheim).

Die meisten Besucher kommen mit dem Auto. Wichtige Autobahn-Fernverbindungen führen an die Fränkische Schweiz heran.

Mit dem Auto

Die Fränkische Schweiz ist mit dem PKW gut zu erreichen. Die Region liegt eingebettet in ein dichtes Netz von Autobahnen und Bundesstraßen. Aus dem Norden Deutschlands erreicht man die Fränkische Schweiz über die A7 (Hamburg–Kassel–Würzburg), aus dem Westen über die A3 (Köln–Frankfurt–Würzburg), aus dem Süden über die A7 (Ulm–Würzburg) bzw. die A9 (München–Nürnberg) und aus dem Osten ebenfalls über die A9 (Berlin–Leipzig–Bayreuth). Von Frankfurt ist man in der Fränkischen Schweiz in gut zwei Stunden, von Hamburg in fünf, von Köln und Dresden in vier und von Stuttgart oder München in jeweils ca. zwei Stunden Fahrtzeit.

Im Norden der Fränkischen Schweiz verläuft die A70 von Würzburg kommend zwischen Bamberg und Bayreuth. Dort mündet sie in die A9 ein, welche zwischen Bayreuth und Nürnberg die »Ostgrenze« der Fränkischen Schweiz bildet. Im Süden bietet die A3 nördlich von Nürnberg mehrere Möglichkeiten zum Abzweigen. Am Autobahndreieck Erlangen zweigt die A73 nach Norden ab und bildet die »Westgrenze« des Gebietes auf der Strecke zwischen Erlangen und Bamberg.

Quer durch die Fränkische Schweiz führt die B470 vom westlichen Forchheim entlang der Wiesent bis Gößweinstein und von dort über Pottenstein weiter nach Osten bis an die A9 bei Pegnitz. Diese Strecke empfiehlt sich wegen der landschaftlichen Schönheiten links und rechts der Straße als idealer Einstieg. Hier existieren Straße, Schiene, Fluß und Felsenlandschaft in friedlicher Eintracht miteinander. Von Nürnberg kommend erschließt die B2 über die beiden Eingangspforten Gräfenberg und Hiltpoltstein die südliche Fränkische Schweiz, während man von der B22 (Bamberg–Bayreuth) vom Norden her über Scheßlitz und Hollfeld in die Region gelangt. Wer von Nürnberg kommend der »Burgenstraße« nach Norden in Richtung Bamberg folgt, gelangt entlang der Wiesent und Püttlach ebenfalls zu den Zentren der Fränkischen Schweiz. Abseits der Autobahnen sollte man keine zu hohe Durchschnittsgeschwindigkeit einplanen. Auf den kleinen Seitenstraßen kommt man nur relativ langsam voran.

Mit dem Zug

Mit der Bundesbahn sind alle größeren Städte an der Peripherie der Fränkischen Schweiz erreichbar (Nürnberg, Forchheim, Bamberg, Bayreuth und Pegnitz). Von Forchheim aus besteht die einzige Bahnverbindung ins Innere der Region, und zwar nach Ebermannstadt.

Auch die Fränkische Schweiz wurde von den Streckenstillegungen der Deutschen Bundesbahn nicht verschont. Einer Privatinitiative im Jahre 1983 ist es zu verdanken, daß auf der Strecke Ebermannstadt–Behringersmühle eine dampfbetriebene Museumsbahn verkehrt (→ Der Besondere Tip, S. 14).

Mit dem Bus

Fernbusse in die Region gibt es keine, bis auf eine einzige Ausnahme: Bis Ebermannstadt fährt zweimal pro Woche der **Bayern-Express** von Berlin über Leipzig (Di und Sa Berlin ab 8.15 Uhr, Ebermannstadt an 14.30 Uhr; Mi und So Ebermannstadt ab 12.00 Uhr, Berlin an 18.15 Uhr). Der Bus startet in Berlin am Omnibusbahnhof unterhalb des Funkturms und hält um 10 Uhr in Leipzig am Flughafen (Haupthalle). Von Neudorf bei Pegnitz verläuft die Route mit jeweiligen Stopps weiter über Tüchersfeld, Behringersmühle, Gößweinstein, Muggendorf, Streitberg nach Ebermannstadt (Kirchplatz). Von hier fährt der Bus auch ab nach Berlin.

Die historische Museumsbahn verkehrt zwischen Ebermannstadt und Behringersmühle

Bayern-Express & P. Kühn Berlin GmbH
Mannheimer Str. 33-34
10713 Berlin-Wilmersdorf
Tel. 0 30/8 60 09 60,
Fax 8 61 20 57
bzw. Bahnhofplatz 5
95028 Hof
Tel. 0 92 81/22 52, Fax 1 89 70

Mit dem Flugzeug

Der einzige größere Flughafen befindet sich im Norden von Nürnberg. Er wird direkt von Berlin, Düsseldorf, Köln/Bonn, Hamburg, Wien oder Zürich angeflogen. Kleinere Flughäfen gibt es in Bayreuth, Pegnitz und in Ebermannstadt.

Flughafen Nürnberg
Tel. 09 11/3 50 62 00

Die Fränkische Schweiz ist vor allem ein Paradies für Wanderer, und viele Wandertouren sind praktischerweise als Rundwanderung angelegt.

Die Fränkische Schweiz läßt sich gut mit dem Auto erkunden. Auch das vergleichsweise dichte Busnetz bedient die Wanderfreunde zu ihrer Zufriedenheit. In den Tälern der Wiesent ermöglichen gutausgeschilderte Wege auch eine Tour mit dem Fahrrad.

Der Fränkische-Schweiz-Verein bietet fünf- bis siebentägige Wanderungen an. Das Gepäck wird von Station zu Station befördert. Die Kosten für das gebuchte Zimmer und die Gepäckbeförderung (fünf DM pro Person und Tag) werden direkt mit den Wirtsleuten abgerechnet. Informationen bei der Tourismuszentrale Fränkische Schweiz (Adresse → Die Fränkische Schweiz von A–Z, S. 120).

Die »Omnibusverkehr Franken GmbH« (OVF) betreibt ein dichtes Buswegnetz. Der Busfahrplan kann bei der OVF in Bayreuth angefordert werden. Für Nachtschwärmer werden von Mai bis Anfang Oktober zwischen 18 Uhr Samstag abends und 3 Uhr Sonntag morgens die wichtigsten Ortschaften an Wiesent und Trubach bzw. rund ums Walberla angefahren (Fahrplan im Verkehrsamt Forchheim).

OVF
Bahnhofstr. 20
95444 Bayreuth
Tel. 09 21/78 93 21

DER BESONDERE TIP

Mit der Dampfbahn durch die Fränkische Schweiz
In den Monaten Mai bis September fährt auf der Strecke Ebermannstadt–Behringersmühle die historische Museumsbahn. Gemächlich bahnt sich eine Dampflok aus dem Jahre 1923, Marke Hanomag, ihren Weg entlang der Wiesent. Der Verein »Dampfbahn Fränkische Schweiz« bietet neuerdings auch themenbezogene Sonderfahrten an. Fahrpläne liegen an den örtlichen Verkehrsämtern der einzelnen Bahnstationen auf. Dampfbahn Fränkische Schweiz e.V., Johann Füngers, Bonhoefferweg 23, 91058 Erlangen-Bruck, Tel. 0 91 31/6 58 73 (ab 18 Uhr) ■ C 4/D 4

Je nach Gusto: Die Palette der Übernachtungsmöglichkeiten in der Fränkischen Schweiz reicht vom Luxushotel bis hin zur gemütlichen Familienpension.

Das Bettenangebot wird hier in erster Linie durch die Nachfrage bestimmt. Und da es sich bei den Urlaubern der Fränkischen Schweiz in der Regel um Wandergruppen und ältere Leute handelt, liegt der Schwerpunkt bei den Pensionen, Ferienwohnungen und Privatzimmern. Gasthöfe sind in den meisten Ortschaften reichlich vorhanden, aber eben nicht in allen. Die Hotellerie deckt ein sehr breites Spektrum ab: von der Luxusherberge »Pflaums Posthotel« in Pegnitz bis hin zum einfachen Landgasthof. Nicht selten gehen Gastwirte dazu über, ihr Haus exklusiv für Übernachtungsgäste (Wandergruppen, Seminarteilnehmer etc.) zu bewirtschaften. Das Tagesgeschäft überlassen sie in diesem Fall der Konkurrenz am Ort.

Wanderers Bett

Der Zimmerkomfort entspricht dem Durchschnitt. Von Wanderern ist bekannt, daß sie keinen so großen Wert auf Luxus legen. Das Frühstücksangebot hält sich im Rahmen, doch setzt sich das Buffet auch in der Fränkischen Schweiz durch, wobei in den renommierten Hotels durchaus auch einmal etwas Besonderes geboten wird. Viele Gastwirtsfamilien bieten ihren Urlaubsgästen »Wanderpakete« für unterwegs an, zumal sie davon ausgehen können, daß man Halbpension gebucht hat und nach den Tagestouren ein üppiges Abendmahl zu sich nimmt. Den Gastronomen sind die immer beliebter werdenden Ferienwohnungen und -häuser ein Dorn im Auge, da sich viele Familien mit Kindern dort aus verständlichen Gründen selbst versorgen.

Da die Fränkische Schweiz vor allem in den Frühjahrs- und Herbstmonaten frequentiert wird – gerade in den Monaten Mai, Juni, September und Oktober entfaltet die Landschaft links und rechts der Wiesent ihre ganze farbenfrohe Pracht und Vielfalt –, empfiehlt sich für diese Jahreszeiten eine Zimmerreservierung. In zahlreichen Gasthöfen und Hotels gibt es Preisnachlässe für drei oder mehr Übernachtungen. Bei mehr als zwei Personen wird in den Ferienwohnungen pro Gast nochmals ein kleines Tagesgeld verlangt. Auch werden hier die Preise für einen Aufenthalt von mehr als sieben Tagen nochmals herabgesetzt.

Der Gebietsausschuß Fränkische Schweiz gibt jährlich einen

umfassenden und reichbebilderten »Urlaubsberater« heraus, in dem die meisten Hotels, Gasthöfe, Pensionen, Ferienwohnungen und Bauernhöfe für sich werben (erhältlich über die Tourismuszentrale → Die Fränkische Schweiz von A bis Z, S. 120). Bei den Preisen für Doppelzimmer sollte man darauf achten, daß diese pro Person und Nacht gelten.

Urlaub auf dem Bauernhof

In Forchheim hat sich eigens ein »Verein Urlaub auf dem Bauernhof in der Fränkischen Schweiz« gegründet, um diese Art von Familienurlaub auch hier bekannt und attraktiv zu machen (Farbkatalog erhältlich). Die Landwirtsfamilien gehen immer mehr dazu über, direkt ihre landwirtschaftlichen Produkte zu vertreiben, was den Urlaub auf dem Bauernhof um eine Variante bereichert.

Verein Urlaub auf dem Bauernhof in der Fränkischen Schweiz
Postfach 70
91291 Forchheim
Tel. 0 91 91/6 50 70

Jugendherbergen und Campingplätze

Außer in den größeren Städten wie Bamberg, Forchheim oder Bayreuth gibt es Jugendherbergen in der Region selbst nur in Gößweinstein, Streitberg und Pottenstein sowie Jugendzeltplätze in Pottenstein, Waischenfeld, Heiligenstadt und Ebermannstadt.

Deutsches Jugendherbergswerk (DJW)
Bismarckstr.8
32756 Detmold
Tel. 0 52 31/7 40 10

Die vorhandenen acht Campingplätze sind über die gesamte Fränkische Schweiz verteilt. Gut ausgestattet und deshalb begehrt sind vor allem die beiden Zeltplätze »Fränkische Schweiz« und »Bärenschlucht« im Püttlachtal bei Pottenstein. Sie liegen im engen Talgrund, umgeben von waldreichen Hängen und überragt von steilen Dolomitenfelsen. Unmittelbar an den Stellplätzen vorbei bahnt sich die Püttlach ihren Weg durch diesen romantischen Talabschnitt. Beide Plätze werden in den herkömmlichen Campingführern für ihre außerordentlich schöne Lage gerühmt und wegen ihrer ruhigen Lage empfohlen.

Hotels, Campingplätze und andere Unterkünfte sind bei den einzelnen Orten im Kapitel »Sehenswerte Orte und Ausflugsziele« beschrieben.

Preisklassen
Die Preise gelten für eine Übernachtung im Doppelzimmer für zwei Personen mit Frühstück:
Luxusklasse ab 200 DM
Obere Preisklasse ab 150 DM
Mittlere Preisklasse ab 100 DM
Untere Preisklasse bis DM 100

Luxuriös bettet man sich in Pflaums Posthotel

Forellenspezialitäten im Landgasthof, Gourmet-Essen im Sterne-Restaurant und eine gepflegte Bierkultur: in der Fränkischen Schweiz gibt es für jeden Geschmack etwas.

Wer viel wandert, braucht eine kalorienreiche Nahrung. Nach diesem Motto geht es in den Küchen der Fränkischen Schweiz meist deftig zu: fränkischer Braten in allen Variationen, Schäufele und Knöchle und nicht zu vergessen die würzigen Bratwürste. All dies kommt hier reichlich auf den Tisch. Doch wer aus dem Üblichen ausbrechen will, findet genügend Möglichkeiten, den eigenen Speiseplan zu variieren.

Forellen: blau oder gebacken

Vor allem die Freunde eines frischen Fischgerichtes kommen hier zu ihrem Recht. Die Fränkische Schweiz ist berühmt für ihre Forellenküche. Ob blau, geräuchert oder gebacken: hier darf man sicher sein, daß es sich um fangfrische Forellen aus den Wassern der Wiesent, der Püttlach oder der Trubach handelt. Zahlreiche Landgasthöfe betreiben eine eigene Zucht, und wer möchte, kann sein Mittagsmahl vorab im hauseigenen Bassin bewundern. Fachleute sagen, daß die Wiesent den höchsten Besatz an Bachforellen in Europa aufweist. Sauerstoffgehalt, Temperaturen und Nahrungsangebot liegen hier noch im Einklang. Regenbogenforellen, Aale und Äschen erweitern das Angebot an fangfrisch zubereiteten Fischen. Wer sich aus dem reichhaltigen Fundus der Flüsse und Bäche selbst bedienen will, dem werden genügend Möglichkeiten zum Fliegenfischen, der verbreitetsten Angelart in der Fränkischen Schweiz, geboten (→ Sport und Freizeitaktivitäten, S. 25).

Aromatisches vom Jura-Lamm

Als weitere Spezialität auf dem Küchenzettel der Fränkischen Schweiz gilt das **Jura-Lamm**. Das köstliche Fleisch stammt von den Herden der Wanderschafe, die es traditionell in der Fränkischen Schweiz gibt und die, außer daß sie Fleischlieferant sind, auch eine bedeutende Aufgabe in der ökologisch orientierten Landschaftspflege wahrnehmen. Das aromatische und kräuterreiche Nahrungsangebot der unter Naturschutz gestellten Wacholderheiden trägt zur Schmackhaftigkeit des Lammfleisches bei. Immer mehr Gasthöfe und Restaurants bieten Spezialitäten vom Jura-Lamm an. Sie werden von dem halben Dutzend Schäfer direkt beliefert. Auch die Metzgereien haben sich auf den wachsenden Bedarf eingestellt und führen das Jura-Lamm in ihrem Sortiment.

Mekka für Biertrinker

Das Recht, Bier zu brauen, hat in der Fränkischen Schweiz eine jahrhundertealte Tradition. So dürfen sich die Landstriche im Dreieck Forchheim-Bamberg-Bayreuth mit ihren zahlreichen Privatbrauereien durchaus als »Biermekka« bezeichnen lassen. Neun Brauereien gibt es alleine im engeren Stadtgebiet von Bamberg. Im Landkreis sind es ganze 70! Geschätzte Attribute dieser Vielfalt sind die zahlreichen Brauereigaststätten, »Bräustübla« und bewirtschafteten Bierkeller. Folgerichtig bietet Bayreuth eine »Bierkultour« und die »Bierhochburg« Bamberg ein »Bierseminar« mit dem möglichen Abschluß eines »Diplom-Bierologen« an.

Eine echte Spezialität ist das sogenannte **Rauchbier**. Das dunkle, herbwürzige und untergärige Märzen (13,5 Prozent Stammwürze und 4,5 Prozent Alkohol; nicht zu verwechseln mit Bockbier, das mindestens 16 Prozent Stammwürze aufweist) verdankt seinen Geschmack dem Umstand, daß das Grünmalz beim Darren geräuchert wird, wobei nur Buchenholz verwendet werden darf, das mindestens drei Jahre gelagert wurde. Je nach Intensität fällt der Rauchgeschmack leichter (**Spezial**) oder stärker (**Schlenkerla**) aus.

In der »Post« in Gößweinstein gibt's nicht nur Bratwürste

Daß die Bierkultur auch das Speisenangebot in der Fränkischen Schweiz beeinflußt, bezeugen Gerichte wie **fränkische Biersuppe, Lammbraten in Rauchbiersauce** oder ein **Malzbiersabayon für Apfelküchle**.

Restaurants sind bei den einzelnen Orten im Kapitel »Sehenswerte Orte und Ausflugsziele« beschrieben.

Preisklassen
Die Preise beziehen sich auf ein durchschnittliches Hauptgericht ohne Getränke.
Luxusklasse ab 35 DM
Obere Preisklasse bis 35 DM
Mittlere Preisklasse bis 20 DM
Untere Preisklasse bis 12 DM

Fruchtsäfte und Schnäpse, wertvolle Steine und Mineralien oder bibliophile Kostbarkeiten sind begehrte Souvenirs aus der Fränkischen Schweiz.

Ausgebufften Souvenirjägern wird es in der Fränkischen Schweiz schwerfallen, fündig zu werden. Natürlich trifft man in den größeren Städten wie Bamberg oder Bayreuth auf Geschenkboutiquen oder an den touristischen Zentren auf die unvermeidlichen Andenken-Kioske. Doch wer sich ein bodenständiges Mitbringsel als Erinnerung an seinen Urlaub mit nach Hause nehmen möchte, sollte sich an die natürlichen Produkte dieser Landschaft halten, wie zum Beispiel die Liköre und Schäpse aus dem hiesigen Obstbau oder die vor Ort gefundenen Steine und Mineralien. Auch ein liebevoll gestaltetes Buch über Richard Wagner oder eine bibliophile Kostbarkeit aus der Feder von Jean Paul sollten es wert sein, als Souvenir zu dienen.

Die Fränkische Schweiz zählt zu den größten Obstanbaugebieten Mitteleuropas. Ganze Landstriche sind im Frühjahr in ein Meer aus Weiß und Zartrosa getaucht, und in Pretzfeld begeht man Mitte Juli das größte Kirschenfest Frankens. Original Obstschnäpse und -liköre kauft man am besten in der **Historischen Pilgerstube** von Streitberg, wo man die **Streitberger Edelbranntweine** in einer gemütlichen Probierstube schon mal vorab verkosten kann.

Im **Gasthof Hufeisen** zu Pottenstein wird 40prozentiger **Bierschnaps** angeboten. Im gemütlichen Restaurant des Hauses genießt man sogar einen Blick auf die blankgeputzten Sudkessel der hauseigenen Brauerei, deren **Urdunkel** und **Urweizen** ebenfalls käuflich zu erwerben sind. In Bamberg ist nicht nur im Schlenkerla das spezielle Rauchbier zu bekommen.

In den **Metzgereien** Trautner (Kirchehrenbach), Richter (Pretzfeld), Sponsel (Heiligenstadt) oder Distler (Egloffstein) werden die begehrten Fleisch- und Wurstwaren vom **Jura-Lamm** angeboten.

Zahlreiche Bauernhöfe laden ebenfalls zum Einkaufen ein. Neben Fleisch- und Wurstwaren sind hier hausgemachte Nudeln, Honig, Holzofenbrot, Bioprodukte und Dosenwurst erhältlich. Auf Vorbestellung bekommt man in der **Thosmühle** fangfrische **Kräuter- und Rauchforellen** aus eigener Zucht (freitags ofenwarm; Tel. 0 91 94/2 47). In der Touriszentrale in Ebermannstadt (→ S. 64) ist eine ausführliche Liste aller Direktvermarkter in der Fränkischen Schweiz erhältlich.

Die Töpfertradition in Thurnau ist 600 Jahre alt

Mit Kindern die Natur zu erleben, ihr Interesse für Pflanzen und Tiere zu wecken, dafür ist die Fränkische Schweiz bestens geeignet.

Ideal läßt sich dies zu Fuß bewerkstelligen. Beim Wandern, Seite an Seite mit den Eltern, kommt bei den Kleinen durchaus so etwas wie Faszination auf: wenn sie in die märchenhaften Wälder eintauchen, durch duftende Blumenwiesen schlendern oder sich in die »Unterwelt« einer der zahlreichen Höhlen hinabbegeben. Auch der natürliche Spürtrieb der Kinder läßt sich beim Wandern fördern. »Wer sieht den nächsten **Blauen Punkt**?«, »Habt ihr den **Grünen Balken** am Waldrand entdeckt?« Schnell vergessen sie dann, daß sie bereits zwei Kilometer »auf dem Buckel« haben.

Geeignet sind alle Wanderstrecken entlang der Flüsse, wenn sie nicht länger als drei bis fünf Kilometer sind. Natürlich ist darauf zu achten, daß am Zielpunkt auch die Möglichkeit zu einer Einkehr besteht, was in der Fränkischen Schweiz normalerweise kein Problem darstellt. In den Gasthäusern und Restaurants wird gerne auf die Sonderwünsche der Kleinen eingegangen. Für Kurzweil sorgen auch die Lehrpfade. Schulkinder sind leicht zu motivieren, die auf den Schautafeln abgebildeten Pflanzen und Tiere in der Natur selbst aufzuspüren. Man muß die Kinder nur dazu anregen, hinzuschauen und zu vergleichen. Biologieunterricht pur – ohne Streß und ohne Noten (einzelne Wandervorschläge → Routen und Touren, S. 115).

»Nuggets« im »Fränkischen Wunderland«

Erlebnispark Schloß Thurn ■ B 5
Spiel und Spaß im 400 000 qm großen Schloßpark; mit Wasserbobbahn, Luna-Loop, Tiergehegen, Riesenklettergarten, Abenteuerspielplatz, Westerneisenbahn, Restauration und zahlreichen Fahrgeschäften.
Westlich der Autobahn A73 (Erlangen–Bamberg), Ausfahrt Baiersdorf-Nord
Schloßplatz 1
91336 Heroldsbach
Ostern–Anfang Okt. tgl. 9–18 Uhr
Fr Familientag (verbilligte Tarife)

Freizeit-Erlebnispark »Fränkisches Wunderland« ■ E 5/E 6
Fränkisches »Disneyland«-Spektakel mit Western- und Geistershow, Zaubervorstellung, Märchenpark, Waldspielplatz, Babyland, Wasserspielen, Liebesschaukel, Whiskeykarussell, Westerneisenbahn, Sommerrodelbahn, Westernstadt, Goldmine, Café, Kiosk und Grillplatz.
Ausfahrt Plech an der A9 zwischen Pegnitz und Lauf
91287 Plech/Ofr.
Anfang April–Mitte Okt.
tgl. 9–18 Uhr

Wildgehege Hundshaupten ■ C 5
Unterhalb der Ortschaft Hundshaupten öffnet das Wildgehege seine Pforten für Besucher. In natürlicher Umgebung stößt man hier auf Rot-, Dam-, Muffel-, Stein- und Schwarzwild. Auch Wisente und »Urrinder« der Gegend sind hier zu bestaunen. Kinderspielplatz, Naturlehrpfad und Erfrischungskiosk runden das breite Angebotsspektrum ab.
April–Okt. tgl. 9–17 Uhr, Nov.– März Sa, So und an Feiertagen 10–15 Uhr
Kinder bis 5 Jahre Eintritt frei

»Erlebnisbaden« in Ebermannstadt ■ C 4
Das beheizte Freibad (25 Grad Celsius) in Ebermannstadt bietet für die ganze Familie Badevergnügen pur: Erlebnisbecken mit Wildbach, Wasserfall, Unterwasserbach, Wasserpilz, Riesenrutsche, Kinderbecken mit Schiffchenkanal, Spritzdüsen, künstliche Felsen u.v.m.
Am Weichselgarten
Ebermannstadt-Rothebühl
Mitte Mai–Mitte September
Mo–Fr 10–20, Sa/So 9–20 Uhr

DER BESONDERE TIP

Wanderung zur Teufelshöhle Als Geheimtip für eine Wanderung mit Kindern gilt der Weg vom Schöngrundsee bei Pottenstein durch einen bezaubernden Felsengarten hindurch zur Teufelshöhle, der wohl bekanntesten und zugleich interessantesten Tropfsteinhöhle der Fränkischen Schweiz. Start und Zielpunkt dieser ca. einstündigen Wanderung (hin und zurück; ohne Höhlenbesuch) ist der Rastplatz am Schöngrundsee (mit Spielplatz, Kiosk und Imbiß). ■ E 4

Die Fränkische Schweiz ist ein Eldorado für Wanderbegeisterte. Sie zeichnet sich auch durch ideale Bedingungen für Kletterer, Angler und Kanusportler aus.

Das spezifische Wanderpublikum weist ein eher gehobenes Durchschnittsalter auf. Spektakuläre Sportarten wie Mountainbike-Touren oder River-Rafting sind daher nur Randerscheinungen.

Wer es dennoch aufregend liebt, wendet sich an eine der speziellen Reiseagenturen, wie zum Beispiel

Aktiv Reisen
Karl-Brückner-Str. 3
91327 Gößweinstein
Tel. 0 92 42/17 17, Fax 71 21
Im Programm: Mountainbike-Touren, Schnupperkletterkurse, Fahrradverleih, Höhlenabenteuer, Kajakfahrten und vieles mehr.

Aber auch für Urlauber, die es gemächlicher lieben, gibt es Neues zu entdecken. Als »Schmankerl« gilt seit kurzem das Brotbacken. In einem Zweitagesprogramm des Forchheimer Verkehrsamtes ist ein ganzer Nachmittag für das Brotbacken mit Schnaps- und Brotkostprobe auf einem Bauernhof vorgesehen. Für Unterkunft wird gesorgt. Anmeldung beim Verkehrsamt im Rathaus Forchheim, Tel. 0 91 91/7 14.

Beschaulich geht's mit dem Kajak die Wiesent flußabwärts

Angeln

In der Wiesent und ihren Nebenflüssen sind reiche Bestände an Salmoniden (Bach- und Regenbogenforellen sowie Äschen) vorhanden. Bevorzugt wird das sogenannte Fliegenfischen, das man hier auch erlernen kann. Es empfiehlt sich, rechtzeitig um Erlaubnisscheine anzufragen. Eine vollständige Adressenliste ist in der Tourismuszentrale (→ S. 120) erhältlich. Empfehlenswert ist der **Wiesentfischer** in Streitberg (Baronsgarten 2). Hier und in der **Expert-Fliegenfischerschule** von Waischenfeld (Pension Hammermühle) werden auch Wurf- und Fliegenbindekurse angeboten. Tageskarten kosten zwischen 10 und 30 DM.

Ballonfahrten & Drachenfliegen

Der **Drachenflugclub** in Mainleus bietet am Göranger Anger und im Thurnauer Land die Möglichkeit zum Drachenfliegen an. Zum Programm gehören auch Anfängerkurse. Für Unterkunft in der Region wird gesorgt (Tel. 0 92 29/12 89). Für einen erlebnisreichen Ballonflug über die Fränkische Schweiz sorgt **Gemini Erlebnisreisen** in Gößweinstein (Tel. 0 91 97/7 77).

Golf

Turnierfähige 18-Loch-Anlagen gibt es in Thurnau (u. a. Golf-Schnupperpaket) und Kanndorf östlich von Ebermannstadt (Tel. 0 91 94/92 28 und 48 27). Hier werden auch Golfkurse angeboten (10 Stunden zu je 30 Minuten). Die Golfausrüstung wird gestellt. Nähere Auskunft gibt es bei den örtlichen Verkehrsämtern. Rund um die Burg Rabenstein ist ein neues Golfzentrum geplant, das bereits vor seiner Entstehung in aller Munde ist.

Höhlentouren

Die zahlreichen Schauhöhlen, allen voran die **Teufelshöhle** bei Pottenstein oder die **Binghöhle** bei Streitberg, sind nur mit Führungen begehbar. Daneben gibt es noch viele kleinere Höhlen, die auf eigene Faust begangen werden können. Ratsamer ist es jedoch, sich geführten Höhlenwanderungen anzuschließen. AktivReisen (→ S. 24) in Gößweinstein bietet solche an. Im örtlichen Buchhandel ist ein ausführliches Begleitbuch zu den »Höhlen der Fränkischen und Hersbrucker Schweiz« erhältlich.

Kajak & Kanu

In der Fränkischen Schweiz ist beschauliches Bootswandern angesagt, aber möglichst nicht in Gruppen mit mehr als fünf Booten, nur in der Zeit von 8 bis 17 Uhr und auf keinen Fall stromaufwärts! Im unteren Abschnitt der Wiesent ist die Strecke Behringersmühle bis Streitberg bei den Bootsfreunden (Einer-Kajaks und Zweier-Kanadier) besonders beliebt. Die einfache Tagesstrecke (12 km; ca. 4 Std.) kommt vor allem Anfängern und weniger Geübten zugute.

Wer sich fortbilden möchte, dem sei die **Kanuschule Kehrwasser** in Burggaillenreuth empfohlen (Haus Nr. 14, Tel. 0 92 42/ 5 99). Einen professionellen **Kajak-Mietservice** einschließlich Abholung bietet M. Sadlowski in seinem Bus am Parkplatz in Doos (in der Zeit von 9–17 Uhr über Funktelefon 01 61/ 2 90 70 75 erreichbar; ansonsten in Egloffstein, wo auch Boote repariert und verkauft werden: Am Wegle 64, Tel. 0 91 97/10 15; Prospekt anfordern!).

Klettern

Geradezu prädestiniert sind die steil aus dem Tal aufragenden Dolomitfelsen für Kletteranfänger und (!) Fortgeschrittene (Schwierigkeitsgrade bis 11+). Bevorzugtes Klettergebiet ist das Trubachtal. Insgesamt bieten sich in der Fränkischen Alb 5000 Klettertouren an, ein in dieser Art einzigartiger Klettergarten mit über 100jähriger Tradition. Die **Kletterschule Jura** offeriert in Zusammenarbeit mir der Tourismuszentrale mehrtägige Schnupper-, Grund- und Trainingskurse. Staatlich geprüfte Bergführer geben ihre Kenntnisse in allen Kletterarten weiter, darunter auch im sogenannten Rotpunkt-Klettern, das vor über 20 Jahren in der Fränkischen Schweiz erstmals aufgekommen ist.

Kletterschule Frankenjura
Schweiggerstr. 17
90478 Nürnberg
Tel. 09 11/46 51 06 und 49 93 20,
Fax 47 37 33

Bergwacht Untertrubach
Tel. 09 51/1 92 22 ooder
0 91 97/10 69

Minigolf

Anlagen gibt es auf der Schleuseninsel in Forchheim, in der Freizeitanlage von Gößweinstein, beim Hotel Bettina in Hollfeld, in der Forchheimerstraße in Muggendorf und beim Kurzentrum in Pottenstein.

Radtouren

Das Radeln steht in der Fränkischen Schweiz im Schatten des Wandertourismus. Nach dem bundesweiten Boom hat man aber auch hier »aufgeholt«. Inzwischen überspannt ein relativ dichtes Netz an ausgeschilderten Radwanderwegen (u. a. Rundtouren mit einer Länge zwischen 20 und 40 km) das Gebiet. In der Tourismuszentrale (→ Die Fränkische Schweiz von A bis Z, S. 120) wird gegen eine geringe Schutzgebühr eine Radwanderkarte mit Tourenvorschlägen und Verleihadressen angeboten.

An den Bahnhöfen in Bayreuth, Bamberg, Forchheim und Ebermannstadt existiert ein Fahrraddienst mit Verleih. »Mitten drin« empfiehlt sich das Fahrrad-Fachgeschäft Swen Schumann in Gößweinstein (Burgstr. 20, Tel. 0 92 42/73 36 oder 17 48) mit geführten Rad-Touren.

DER BESONDERE TIP

Wanderreiten Wenn das nichts ist: »Trekkingritt auf Islandpferden vom Oberpfälzer Jura durch die Fränkische Schweiz nach Bamberg und zurück«. Acht Tage jeweils im Juni und Juli mit Übernachtung und Verpflegung zum Selbstkostenpreis. Anmeldung, Termine, Preise und genauer Routenverlauf beim **Islandpferdehof »Alte Schmiede«**, Pointgasse 10, 92364 Deining-Tauernfeld, 5 km südöstlich von Neumarkt/Opf., Tel. 0 91 84/7 75

Reiten

Einige Reiterhöfe bieten neben Reitunterricht auch Reiterferien für Kinder bzw. Reitkurse während der Sommerferien an. Die Unterbringung von eigenen Pferden ist auf Anfrage möglich. Auf Burg Feuerstein bei Ebermannstadt (Tel. 0 91 94/ 81 14) und auf Schloß Greifenstein bei Heiligenstadt (Tel. 0 91 98/14 82) verleiht die historische Kulisse dem Reitsport einen besonderen Reiz. Eine ausführliche Liste aller Reiterhöfe ist in der Tourismuszentrale erhältlich (→ Die Fränkische Schweiz von A–Z, S. 120).

Rundflüge

Auf Burg Feuerstein besteht auf dem einzigen »Binnenflughafen« der Fränkischen Schweiz die Möglichkeit, die Region aus der Luft kennenzulernen. Die **Fränkische Fliegerschule Feuerstein e.V.** (Landesleistungszentrum) bietet Motor- und Segelflugausflüge sowie Motorsegler- und Ultraleichtflüge an.

Fränkische Fliegerschule
Flugplatz Burg Feuerstein
91320 Ebermannstadt
Tel. 0 91 94/3 34, Fax 16 51

Wandern

Wer das Wanderparadies Fränkische Schweiz nicht nur auf eigene Faust erleben möchte (→ Routen und Touren, S. 114–119), dem sei eine der zahlreichen Ferienwanderungen des Fränkische-Schweiz-Vereins e.V. empfohlen: mehrtägige Wanderungen nach dem Motto »Eine Landschaft erleben« und »Unberührte Fränkische Schweiz« (Mitte April bis Mitte Okt.; Anmeldungen bei Gerhard Vogel, Tel. 0 91 96/12 36, und Otto Schmidt, Tel. 0 92 43/4 28).

Hoch hinaus führen 5000 verschiedene Klettertouren

Darüber hinaus im Angebot des Vereins: geführte Wanderungen zur Kirschblütenzeit, Nachtwanderungen, Felsen-Fluren-Flora-Rundweg, pflanzenkundlicher Spaziergang, Herbstwanderung sowie die land- und forstwirtschaftlichen Führungen entlang des »Grünen Pfads« bei Windischgaillenreuth. Das ausführliche Programm ist in der Tourismuszentrale erhältlich (→ Die Fränkische Schweiz von A-Z, S. 120).

Wintersport

Wer den Zauber der Landschaft im Wechselspiel von glitzerndem Schnee und tiefstehender Sonne genießen möchte, dem sei eine Tour entlang der gutausgeschilderten Langlaufloipen des Wiesent-, Püttlach- oder Trubachtals empfohlen. Für Geschwindigkeitsfanatiker gibt es einen kleinen Skihang bei Bärnfels (mit Skilift).

Wer kennt sie nicht, die »Richard-Wagner-Festspiele« in Bayreuth. Doch die Fränkische Schweiz lebt nicht allein vom Brot der Spiele.

Das Anna-Fest und die Theatertage in Forchheim, das Walberla-Fest auf der sagenumwobenen Ehrenbürg und all die anderen »Keller-Feste«, der Theatersommer der Hollfelder Gangolfbühne, die »Bergwacht-Kerwa« und das Musikfest in Pottenstein, der Handwerkermarkt in Tüchersfeld und der Töpfermarkt in Thurnau, die Pegnitzer Sommerkonzerte und die Schloßkonzerte in Hundshaupten, die Fränkischen Laienspieltage in Egloffstein, die »Mittelalter-Spektakel« auf Burg Rabeneck, die geistlichen Konzerte in der Gößweinsteiner Basilika sowie die zahlreichen Kirschblüten-, Backofen-, Osterbrunnen-, Kräuterweihen-, Wald- und Lichterfeste sind es, welche der Region ihren unverwechselbaren Charme verleihen.

Bayreuther Festspiele

Als kultureller Höhepunkt in der Region gelten seit jeher die auch international weitbekannten Bayreuther Festspiele. Auf dem Grünen Hügel werden im Festspielhaus ausschließlich Werke von Richard Wagner aufgeführt.

Für die ca. 30 Veranstaltungen im Juli (letztes Drittel) und August (gesamter Monat) sollte man sich rechtzeitig im Vorjahr, bis spätestens (!) Mitte Oktober, die Karten sichern (→ Bayreuth, Service, S. 55).

Kunstsommer Fränkische Schweiz

In den Sommermonaten bieten Galerien und vergleichbare Räumlichkeiten in historischen Bauten und sogar in Hotels den Künstlern ein breites Forum für Ausstellungen und Konzerte. Das Ensemble der Hollfelder Gangolfbühne beispielsweise begibt sich auf Wanderschaft und bietet in Burgen, Schlössern, Sälen und Höhlen bestes Theater, von der Komödie bis zum Kabarett.

Besonders eindrucksvoll an diesem **Theatersommer** sind die Aufführungen im historischen Grottentheater von Sanspareil oder die Minnesängerabende auf Burg Unteraufseß. Aus der Vielzahl der Konzerte ragen die **Pegnitzer Sommerkonzerte**, die **Schloßkonzerte von Hundshaupten** und die **Basilika-Konzerte in Gößweinstein** heraus. Das vollständige Programm ist als Sonderprospekt in jedem Verkehrsamt bzw. bei der Tourismuszentrale Fränkische Schweiz in Ebermannstadt erhältlich (→ S. 64).

Die Orte in der Fränkischen Schweiz wetteifern um den schönsten Osterbrunnen

Januar

Lichterprozession

Zum Abschluß der »Ewigen Anbetung« veranstaltet man in Obertrubach Anfang des Monats die »Große Lichterprozession«.

Pottensteiner Lichterfest

Am 6. Jan. wird in Pottenstein das Fest der »Erscheinung des Herrn« gefeiert. Tausend Lichter verwandeln Pottenstein in ein Lichtermeer.

Februar

Fasching

Kappenabend des Fränkische-Schweiz-Vereins in Pretzfeld (Ende Februar).

April

Osterbrunnen-Feste

→ Der Besondere Tip, S. 31

Mai

Forchheimer Theatertage

Den ganzen Monat Mai füllen die Vorstellungen des engagierten »Jungen Theaters« aus. Prospekt und Anmeldung im Fremdenverkehrsamt der Stadt.

Kirschblütenfeste

In den bedeutenden Kirschanbaugebieten feiert man im Mai die Kirschblüte. So vor allem in Pretzfeld und in Hiltpoltstein.

Walberlafest

Das Kirchweihfest für die kleine Walpurgiskapelle auf der Ehrenbürg (im Volksmund »Walberla«) hat sich von einem mittelalterlichen Jahrmarkt zu einem Kommerzspektakel ersten Ranges entwickelt; und das, obwohl der markante Tafelberg unter Naturschutz steht.

Juni

Fränkische Festwochen

»Zweite Festspielzeit« in Bayreuth: Im Markgräflichen Opernhaus zu Bayreuth werden Festspiele arrangiert, die ganz auf das markgräfliche Opernhaus abgestimmt sind.

Johannisfeuer

Das Johannisfeuer am 24. Juni, dem Namenstag von Johannes dem Täufer, bildet in zahlreichen Orten den Höhepunkt der in heidnische Zeiten zurückreichenden Sonnwendfeiern.

Juli/August

Altstadtfeste

U.a. in Ebermannstadt (fünf Tage Mitte des Monats) und Forchheim (Ende Juni/Anfang Juli).

Fränkisches Kirschenfest

Mitte Juli, eine Woche vor dem Forchheimer Annafest, lädt das »Kirschzentrum« Pretzfeld zum alljährlichen Kirschenfest. Sechs Tage lang wird dann im Pretzfelder Kellerwald gefeiert. Höhepunkt ist der historische Festumzug.

Annafest in Forchheim

Das Fest zu Ehren der hl. Anna gilt heute als das größte »Keller-Fest« in der Fränkischen Schweiz. Eröffnet wird das Spektakel am vorletzten Samstag des Monats auf dem Rathausplatz mit anschließendem Festzug. Der Festbetrieb beginnt um 13 Uhr (sonntags bereits um 11 Uhr) und endet offiziell um 23 Uhr.

Pavillon-Waldfest und Bergwacht-Kerwa

Der Fränkische-Schweiz-Verein lädt nach Heiligenstadt ein, mit viel Musik und reichlich Gaumenfreuden (2. Juliwochenende), und die Bergwacht Pottenstein auf ihre vereinseigene Hütte (drei Tage Ende Juli).

Lichterserenade
Auf der Wiesent nahe des Ebermannstädter Rathauses mit anschließendem Grillfest und lustigen Wasserspielen (Anfang August).

Lindenkirchweih
Am Sonntag nach dem 24. August versammelt man sich im Thurnauer Ortsteil Limmersdorf zum Tanz. Den Tanzboden bildet ein Podium in der mächtigen Krone der 300 Jahre alten Dorflinde, die deshalb als »Tanzlinde« bezeichnet wird.

September/Oktober
Handwerker-Märkte
Altes Handwerk und farbenfrohes Markttreiben im Fränkische-Schweiz-Museum in Tüchersfeld (Mitte September) und in Hollfeld auf dem historischen Marienplatz (Mitte Oktober).

Dezember
Weihnachtsmärkte
Meist vor stimmungsvoller Kulisse im Herzen der Altstadt oder zu Füßen der Pfarrkirche: u. a. in Betzenstein, Ebermannstadt, Forchheim, Hollfeld, Wonsees, Waischenfeld und in Bayreuth und Bamberg.

Fackelwanderung
Die Wanderung beginnt 15.30 Uhr am Marktplatz in Muggendorf und führt an einer Glühweinstation vorbei zu einem Landgasthof (zwischen Weihnachten und Neujahr; Anmeldung im Verkehrsamt erforderlich).

Jahresschlußkonzert
In der Gößweinsteiner Basilika sollte man am 30. Dezember das Schlußkonzert für Blechbläser und Orgel nicht versäumen. Ein stimmungsvoller Abschluß in einem beeindruckenden Szenario barocker Kirchenbaukunst. Um 19.30 Uhr (an einem Sonntag um 17 Uhr; Kartenvorbestellung im Verkehrsamt erforderlich!).

Lichterprozession und -fest
Das Ende des Jahres feiert man in Waischenfeld-Nankendorf mit bengalischen Feuern und festlicher Illumination. Der ganze Ort samt der umliegenden Felsen wird in ein Lichtermeer aus Kerzen und Fackeln getaucht (Silvestertag um 17 Uhr).

DER BESONDERE TIP

Osterbrunnen-Feste Der Brauch, die Markt- und Kirchenbrunnen mit buntbemalten Ostereiern zu schmücken, hat in der Fränkischen Schweiz eine einzigartige Tradition. Kunstvolle Geflechte in Form von Kronen und Girlanden bilden den Rahmen für die farbenfrohe Eier-Parade. Zahlreiche Verkehrsämter bieten geführte Osterbrunnenfahrten und -wanderungen an. Der größte Osterbrunnen ist in Bieberbach nahe Egloffstein zu bewundern. Um den schönsten »streiten« sich viele Osterbrunnengemeinden. Nach dem gemeinsamen Schmücken findet nicht selten ein »Osterbrunnen-Fest« statt, so z. B. in Heiligenstadt am Ostermontag.

Bambergs Karriere: 1975 »deutsche Beispielstadt«, 1977 »Europa-Goldmedaille für Denkmalpflege« und 1993 »Weltkultur- und Naturerbe der Menschheit«.

Bamberg

■ A2/A3

Mit dem **castrum babenberch** des Jahres 903 setzt die Geschichtsschreibung der Mainstadt ein. Auf dem Domberg, wo bereits im 7. Jahrhundert eine slawisch-fränkische Burg stand, hatten sich die Babenberger niedergelassen, und nach deren Aussterben gelangte die **civitas papinberc** im Jahre 973 aus Königshand in den Besitz des Bayernherzogs **Heinrich der Zänker**. Dessen Sohn, der spätere Kaiser **Heinrich II.** (1002–1024), schuf mit der Gründung des Bistums Bamberg im Jahre 1007 die Grundlage für den unaufhaltsamen Aufstieg des »fränkischen Rom«, wie Bamberg wegen seiner bedeutenden Sakralbauten und der sieben Hügel im Stadtgebiet bis heute genannt wird. **Caput orbis**, Hauptstadt der Welt gar, nannte Abt Gerhard von Seeon die neue Metropole am Main. Wie Pilze schossen nach der Jahrtausendwende die Klöster und Kirchen aus dem Boden: **St. Stephan** (1009), **St. Michael**

Das Alte Rathaus liegt auf einer künstlichen Insel

(1015), das **Gangolfsstift** im Osten (1058) und das **Jakobsstift** (1071) im Westen der Kernstadt, um nur die wichtigsten zu nennen.

Im Jahre 1202 ließ Bischof Ekbert von Andechs-Meranien den Dom errichten. Die Bistumsoberen waren über Jahrhunderte hinweg Landes- und Stadtherren zugleich. Im Schatten ihrer Macht entwickelte sich links und rechts der beiden Regnitzarme die bürgerliche Siedlung mit ihren engen Gäßchen und verwinkelten Plätzen. Ein großer Teil der historischen Bausubstanz von Bamberg, das im Zweiten Weltkrieg vergleichsweise gering beschädigt wurde, geht im Kern auf das Spätmittelalter zurück; ein Umstand, dem die Stadt bis heute ihr romantisches Flair verdankt. Kommune, Bürgerschaft und Universität sind gemeinsam darum bemüht, alte Häuser vor dem Verfall zu retten und historische Ensembles zu schützen.

Doch Bamberg fasziniert seine Besucher nicht nur wegen der zahlreichen Kirchen und historischen Gebäude. Ob in der »Bergstadt«, in der »Gärtnerstadt« oder in der »Bürgerstadt«: beim Bamberg-Bummel läßt sich die Kultur ohne viel Mühe mit irdischen Genüssen kombinieren. In der Stadt gibt es noch neun Brauereien samt hauseigenen Gaststätten, in der wärmeren Jahreszeit mit hölzernen Bänken und Tischen im Freien. Das **Spezial** verkörpert noch heute den Typus der Bamberger Brauereigaststätte schlechthin.

Am Ostchor des Doms ist der berühmte Bamberger Reiter zu sehen

Bamberg – das »Mekka« der Bierkultur

Ganze Scharen von Touristen zieht es in die Dominikanerstraße, wo das **Aecht Schlenkerla Rauchbier** angepriesen wird wie seinerzeit das Heilige Manna. Doch damit nicht genug der sinnlichen Freuden: In den Fußgängerzonen der City reihen sich Cafés und Geschäfte eng aneinander, in »Klein-Venedig«, am rechten Ufer der Regnitz, geht nicht nur Romantikern das Herz auf, und ein Konzert mit den Bamberger Symphonikern zählt zum Feinsten, was die oberfränkische Stadt zu bieten hat. E.T.A. Hoffmann, Wilhelm Friedrich Hegel und Hans Wollschläger schlagen auf der literarisch-philosophischen Habenseite Bambergs zu Buche.

Hotels und andere Unterkünfte

Alt-Ringlein ■ c 4
Im Zentrum, direkt gegenüber vom »Schlenkerla« gelegenes, jüngst renoviertes Hotel mit reicher Vergangenheit (bereits um 1300 urkundlich erwähnt) und stilvoller Einrichtung. Modernes Gästehaus und gemütlich bzw. schick eingerichtete Restaurationsräume.
Dominikanerstr. 9
Tel. 09 51/54098, Fax 5 22 30
52 Zimmer
Mittlere Preisklasse (Amex, DC, EC, Visa)

Bamberger Hof Bellevue ■ d 4
First-Class-Hotel am Schönleinsplatz mit gediegenem Komfort und anspruchsvoller Küche, Nichtraucher-Zonen, Tagungsräumen und Fahrradverleih.
Schönleinsplatz 4
Tel. 09 51/9 85 50, Fax 98 55 62
50 Zimmer
Luxusklasse (Amex, DC, EC, Visa)

Barockhotel ■ c 4/c 5
Garni-Hotel im Stadtzentrum. Ruhige Lage, gediegener Komfort und historisches Ambiente.
Vorderer Bach 4
Tel. 09 51/5 40 31, Fax 5 40 21
19 Zimmer
Obere Preisklasse (Amex, DC, EC, Visa)

Brudermühle ■ c 4
Unmittelbar gegenüber dem Alten Rathaus gelegen, mit traumhaft schönen Ausblicken aus den im fränkischen Stil eingerichteten Zimmern. Lange Tradition (1314 erstmals erwähnt), gute Restauration mit heimischen Spezialitäten aus eigener Zucht (täglich frische Forellen) und Jagd und gemütlich eingerichtete »Fränkische Weinschänke« (Restaurant Mo geschl.).
Schranne 1
Tel. 09 51/95 52 20, Fax 9 55 22 55
16 Zimmer
Obere Preisklasse (Amex, DC, EC, Visa)

Messerschmidt ■ d 4
»Romantik-Hotel« am Schönleinsplatz, unweit der Haupteinkaufsstraßen. Elegante Einrichtung und reichhaltige Buffet-Auswahl fürs Frühstück. »Romantik-Arrangements« einschließlich Stadtführung (zwei Nächte) möglich. Ausgesuchtes Speiseangebot.
Lange Str. 41
Tel. 09 51/2 78 66, Fax 2 61 41
13 Zimmer
Obere Preisklasse (Amex, DC, EC, Visa)

Residenzschloß ■ b 3
»Treff-Hotel« der Extra-Klasse im ehemaligen Krankenhaus (nördlich der Altstadt am linken Regnitzufer). Luxuriös ausgestattete Zimmer und Verwöhn-Komfort (Dampfbad, Whirlpool, Fitneß etc.). Zwei Restaurants, u. a. mit Sonntags-Brunch. Pianobar, zehn Tagungsräume und Tiefgarage.
Untere Sandstr. 32
Tel. 09 51/6 09 10, Fax 60 91-7 01
185 Zimmer
Luxusklasse (Amex, DC, EC, Visa)

St. Nepomuk ■ d 5
Auf einer Flußinsel am linken Regnitzarm gelegenes Hotel mit den Gästehäusern »Steinmühle« und »Molitorhaus«. Gediegene Atmosphäre im Galerie- und im Kamin-Restaurant sowie an der Bar. Arrangements inklusive Konzertkarten für die Bamberger Symphoniker möglich.
Obere Mühlbrücke 9
Tel. 09 51/2 51 83, Fax 2 66 51
47 Zimmer
Obere Preisklasse (DC, EC, Visa)

Spaziergang

Die ganze Bedeutung Bambergs als geistiges Zentrum im Hochmittelalter offenbart sich mit dem **Kaiserdom** auf dem Domberg, wo jeder Rundgang durch die Alstadt beginnen sollte. Um den geräumigen Domplatz gruppieren sich neben dem Dom die **Alte Hofhaltung** mit dem **Kanzleibau** von 1568, der **Ratsstube,** die als Hauptwerk der deutschen Renaissance gilt, dem **Historischen Museum**, der **Dombauhütte** und der **»Schönen Pforte«** (Relief mit Kaiser Heinrich II. und seiner Gemahlin Kunigunde), durch die man in den beeindruckenden Innenhof gelangt (Calderonspiele im Juni/Juli), die **Neue Residenz** und gegenüber vom **Kapitelhaus** (Bau von Balthasar Neumann aus dem Jahre 1733; heute Diözesanmuseum) einige der zahlreichen Domherrenhöfe, darunter die **»Curia St. Hippolyti«** (Domplatz Nr. 1), die in den Jahren 1734 bis 1739 unter Mitwirkung von Balthasar Neumann und Justus Heinrich Dientzenhofer errichtet wurde. Weitere sehenswerte Höfe stehen in der westlich des Doms gelegenen **Domstraße** (Nr. 7 Wohnbau der hl. Elisabeth von Thüringen) und in der Oberen Karolinenstraße im Norden des mauerumwehrten Domberges, jenes frühmittelalterlichen »castrum babenberch«, das als »Keimzelle« der späteren Stadt Bamberg gilt.

Zwischen **Neuer Residenz** und den **Domherrenhöfen** gelangt man über die Karolinenstraße zur Regnitz, wo auf einer künstlichen Insel zwischen Unterer und Oberer Brücke das **Alte Rathaus** bereitwillig in die Objektive der reihum gezückten Kameras blickt. In seltener Eintracht präsentieren sich hier auf der einen Seite das aus gotischer Zeit stammende und im Barock mit Fassadenmalereien und zierlichen Balkonen ausgestattete Rathaus und auf der anderen, flußaufwärts gerichteten Seite der wohl erst im 17. Jh. angebaute, heute frisch herausgeputzte Fachwerkbau des **Rottmeister-**

Das Böttingerhaus, erbaut nach dem Vorbild italienischer Palazzi

hauses. Zu einer Dauerausstellung avancierte hier die **Sammlung Ludwig** »Glanz des Barock–Fayence und Porzellan«. Das ganze Rathaus-Ensemble gewinnt seinen Reiz durch die Lage im Flußbett der Regnitz und durch die beiden Brückenbögen, von denen der obere durch den Bau hindurchführt und die alte »Bergstadt« mit der »Inselstadt« verbindet. Je nachdem, von welcher Seite aus man das Rathaus einst passierte, wurde man durch das städtische bzw. das fürstbischöfliche Wappen daran erinnert, wessen Stadtteil man zu betreten gedachte. Heute nehmen das die Bamberger nicht mehr ganz so ernst.

Südlich der **Oberen Brücke** gelangt man über einen Steg auf die **Regnitzinsel mit Schloß Geyerswörth**, das bis 1435 als »Wohnsitz« der angesehenen Patrizierfamilie Geyer diente und 1586 als fürstbischöfliche Residenz weitgehend neu errichtet wurde. Der prächtige Renaissancesaal wird heute als Rahmen für Empfänge der Stadt genutzt.

Von der Geyerswörthstraße führt die **Bischofsmühlbrücke** rechter Hand zur **Bürgerkirche Obere Pfarre** am Unteren Kaulberg. Die dreischiffige Pfeilerbasilika aus dem 14. Jh. überragt mit ihrem markanten Westturm die Dächer der Bamberger Altstadt am linken Regnitzufer. Bemerkenswert ist der gotische Umgangschor mit seinem Kapellenkranz und den beachtenswerten Kunstwerken aus den Werkstätten der böhmischen Parlerschule.

Unterhalb der Kirche zweigt die Judenstraße ab. Ihr Straßenbild wird durch den prunkvollen Barockbau des **Böttingerhauses** beherrscht. Das erste bürgerliche Stadtpalais (Bauzeit 1708–1713) mit seiner beeindruckenden Fassade und dem dekorativen Portal beherbergt heute eine angesehene Kunstgalerie und ein Kunstkontor. Die Judenstraße geht südlich in die Concordiastraße über, an deren Ende sich der zweite Residenzbau des Hofrates Ignaz Tobias Böttinger, das **Wasserschloß Concordia**, befindet. In den Jahren von 1716 bis 1722 errichtete Johann Dientzenhofer den Barockbau mit sehenswertem Treppenhaus (wer klingelt, hat vielleicht Glück und kann kurz einen Blick hineinwerfen). Oberhalb von Schloß Concordia ist **St. Stephan** zu erkennen, eine stattliche Kirche, die im Jahre 1020 von Papst Benedikt VIII. persönlich geweiht wurde. Der heutige Bau geht auf das 17. Jh. zurück und dient der evangelischen Gemeinde Bambergs als Gotteshaus.

Via Riegelhofgasse und Nonnenbrücke gelangt man über die beiden Regnitzarme und »Am Kanal« vorbei zum Schillerplatz mit dem E.T.A.-Hoffmann-Theater und dem etwas schmalbrüstig wirkenden **Wohnhaus E.T.A. Hoffmanns**. Nach Norden schließt der Platz zum »Zinkenwörth« ab, einem eigenwilligen Stadtviertel mit rebellischen Traditionen (Bamberger Aufstand während des Bauernkrieges und Wiege der Reformationsbestrebungen). Über die Hainstraße, einst vornehme Wohngegend der Bamberger Industriellen- und Kaufmannsfamilien (Nr. 4a »Villa Dessauer« von 1883; heute Städtische Kunstgalerie), erreicht man den Schönleinsplatz.

Hier stößt die Friedrichstraße auf die Lange Straße, Bambergs Haupteinkaufsstraße, wo man auf das **Wallensteinhaus** (Nr. 3) mit einer der in Bamberg zahlreich vertretenen Madonnenfiguren über dem Portal achten sollte. Auch die nördlich anschließenden Geschäftszentren **Grüner Markt** und **Maximiliansplatz** (Fußgängerzonen) werden von schmucken Barockbauten umsäumt, allen voran der **St.-Martinskirche**, einer sehenswerten Schöpfung der beiden Baumeister Georg und Johann Leonhard Dientzenhofer (1686–1691). Die ehemalige Jesuitenkirche erhielt das Martinspatrozinium erst nach dem Abriß der alten Martinskirche auf dem heutigen Maximiliansplatz, der diesem Umstand seine heutigen Ausmaße verdankt. An St. Martin schließt der Gebäudekomplex des alten **Jesuitenkollegs** an, in dem heute u. a. das Naturkundemuseum untergebracht ist.

Am Grünen Markt trifft man sich beim **»Goblmo«** (hochdeutsch: Gabelmann), wie die Bamberger liebevoll ihren **Neptunsbrunnen** von 1698 nennen. Der nach Osten anschließende Maximiliansplatz wird noch heute als Marktplatz genutzt. Beherrscht wird er vom mächigen Barockbau des ehemaligen **Katharinenspitals** (heute Rathaus). Als Pendant zum »Goblmo« dient hier der Bayernkönig Max Joseph I. als Brunnenfigur. Ihm leisten Kaiser Heinrich II., seine Frau Kunigunde, der heilige Otto und König Konrad III. Gesellschaft. Über den Heumarkt und den Holzmarkt führt der Rundweg wieder zum westlichen Regnitzarm zurück (im östlichen Arm der Regnitz schuf man das Bett für den Main-Donau-Kanal). Von der **Markusbrücke** genießt man einen herrlichen Ausblick auf das südlich davon gelegene, heute idyllisch wirkende Fischerviertel. Seit 1843, als das »Handbuch für Reisende auf dem Main« erschienen war, wird diese romantische Häuserzeile **»Klein-Venedig«** genannt. Hier wohnten und arbeiteten die Bamberger, die ihr Auskommen dem Fischreichtum der Regnitz verdankten. Heute sind die engen Wohnungen am Fluß begehrenswerter und teurer denn je.

Über die Obere Sandstraße und die Residenzstraße gelangt man zurück zum Domplatz.

Klein-Venedig, das idyllische Fischerviertel

Das Fürstenportal mit dem Tympanonrelief des Jüngsten Gerichts

Sehenwertes

Altenburg
Wer Bamberg einmal aus der Distanz betrachten möchte, dem sei ein Ausflug auf die Altenburg und dort die Besteigung des Bergfriedes empfohlen (südwestlich der Altstadt und nur über die südlich des Doms beginnende Altenburger Straße mit dem PKW erreichbar; Parkplatz unterhalb der Burg). Die guterhaltene Anlage wird heute vom Altenburgverein betreut und bewirtschaftet (Restaurant und Café). Neben der Burgmauer mit ihren Basteitürmen und dem Bergfried sind die Burgkapelle und, leider nur von außen, die Dichterklause E.T.A. Hoffmanns (heute Künstleratelier) sehenswert. Die Anfänge der Burg reichen in die Frühgeschichte Bambergs zurück. Kein Feind hat sie, außer mit List und Tücke, je einzunehmen vermocht.

Führungen anmelden bei Herrn Metzner vom Brauereimuseum (Tel. 09 51/6 41 29).

Bamberger Dom ■ c 4
TOPTEN 6
Neben den Dombauten von Worms, Mainz und Speyer zählt Bambergs Domkirche St. Peter und Georg mit ihren vier schlanken Türmen und den beiden gegenüberliegenden Chören zu den bedeutendsten Kirchen des deutschen Mittelalters. Eindrucksvoll vermittelt bereits das seitlich gelegene **Fürstentor** die ganze Symbolik romanischer Baukunst. Im halbrunden Tympanonrelief ist das Jüngste Gericht in Szene gesetzt. Auch die **Gnadenpforte** und die **Adamspforte** an den beiden Osttürmen (zum Domplatz hin) sind reich geschmückt. Die Originale der Figuren (zum Beispiel Adam und Eva von 1240) haben angesichts zunehmender Luftverschmutzung längst im Diözesanmuseum Unterschlupf gefunden.

Im Innern des Doms beherrschen die rötlichen Sandsteinquader das Erscheinungsbild. Der **Marienaltar** von Veit Stoß (1523), die reichgeschmückten Gestühle im Peters- und Georgenchor (14. Jh.) sowie die zahlreichen Steinfiguren zählen zum kostbaren Inventar des Domes; herausragend hier der **Bamberger Reiter**, eine monumentale Steinplastik des 13. Jh. Ob sie den hl. Stephan von Ungarn, Kaiser Heinrich II. oder Kaiser Konstantin darstellt, weiß keiner genau – es darf spekuliert werden!

Auch die zahlreichen Grabdenkmäler gehören zu den Sehenswürdigkeiten des Bamberger Domes. Allen voran die **Tumba der beiden Heiligen Heinrich und Kunigunde** (1499–1513) vor dem Georgenchor, eine Schöpfung von Tilman Riemenschneider mit Reliefdarstellungen aus dem Leben des Kaiserpaares; beachtenswert sind ferner das Grabdenkmal für den Bamberger Bischof und späteren Papst Clemens II. (gestorben 1047) sowie mehrere Bischofsgrabmäler.

Karmeliterkloster ■ b 5/c 5
1157 erbaut, mit der später durch Dientzenhofer barockisierten St. Theodorskirche (zwischen Domberg und Kaulberg) und dem einzigartigen Kreuzgang aus dem 14. Jh., den die Baumeister der berühmten Parlerschule errichtet haben und der noch heute durch seine rätselhaften Figurenensembles und skurrilen Fabelgestalten fasziniert.

Kloster St. Michael ■ b 3
Weithin sichtbar überragt das bedeutende Kloster auf dem Michelsberg die Dächer der Bamberger Altstadt. Im Jahre 1015 gründeten Benediktinermönche die Abtei und verhalfen ihr durch die Anfertigung bedeutender Handschriften zu über-

regionaler Bedeutung. Der heilige Bischof Otto (1132 gest.) liegt hier in einer Krypta unter dem Chor begraben. Zehn Wandepitaphien erinnern an bedeutende Bamberger Bischöfe. Die Gebrüder Dientzenhofer schufen zwischen 1696 und 1725 die Klostergebäude (heute Altenheim, Brauereimuseum und Gaststätte) und barockisierten den romanischen Kirchenbau. Als Besonderheit gilt der »Himmelsgarten«, 600 botanisch getreu gemalte Pflanzenabbildungen auf dem Deckengewölbe. Beachtenswert die erst jüngst restaurierte Heiliggrab-Kapelle von 1727.

Neue Residenz ■ b 4/c 4

Vom Dom aus gesehen blickt man auf den wuchtig wirkenden Baukomplex der Neuen Residenz. Fürstbischof Lothar Franz von Schönborn ließ in den Jahren von 1695 bis 1703 seinem »Bauwurmb« freien Lauf und beauftragte den namhaften Baumeister Johann Leonhard Dientzenhofer mit dem Umbau einer zweiflügeligen Vorgängerresidenz aus dem Jahre 1613 (sogenannter Gebsattelbau). Nach Westen und zur Stadt hin ließ von Schönborn noch je einen repräsentativen Flügel anfügen.

Im Mittelbau, wo sich der Haupteingang und die Kasse für die Schloßführungen befinden, werden den Besuchern die Prunkräume der fürstbischöflichen Hofhaltung präsentiert; allen voran der **Kaisersaal** im zweiten Obergeschoß, dessen Scheinarchitektur verwirrt und zugleich fasziniert. Als prachtvoll erweisen sich auch die restlichen Schauräume im ersten Obergeschoß.

Nach Norden schließt der **Rosengarten** an, von dem aus man einen herrlichen Blick auf die Bamberger Altstadt und St. Michael genießt. Im Westflügel wurde die **Altdeutsche Galerie** eingerichtet, und im sogenannten Stadtflügel mit dem alles überragenden **»14-Heiligen-Pavillon«** befinden sich das Staatsarchiv und die **Staatsbibliothek**.

Der Rosengarten der Neuen Residenz lädt zu einer Kaffeepause ein

Schloß Seehof
Zwischen den Ortsteilen Lichteneiche und Memmelsdorf (Straße nach Scheßlitz) erstreckt sich das weitläufige Gelände des Seehofer Schloßgartens. 1995 wurde der Schloßgarten mit der Wiederherstellung der Kaskade (prächtige Wasserspiele aus der Rokokozeit) um eine besondere Attraktion reicher. Das Schloß selbst (Baubeginn 1686) beherbergt heute eine Außenstelle des Landesamtes für Denkmalpflege und ist nur in beschränktem Umfang zu besichtigen. Lohnenswerter ist ein Spaziergang durch den Park. Wasserspiele dreimal tgl. (außer Mo) um 14, 15 und 16 Uhr für jeweils 10 Min.

Museen

Altes Rathaus ■ d 4
Dauerausstellung »Glanz des Barock. Sammlung Ludwig – Fayence und Porzellan«.
Obere Brücke
Di–So 9.30–16.30 Uhr

Diözesanmuseum ■ c 4
Sakralgegenstände und Volkskunst, mittelalterliche Textilien und besondere Exponate aus der Zeit von Heinrich und Kunigunde.
Domplatz 5
Tgl. 10–17 Uhr

E.T.A.-Hoffmann-Haus ■ d 5
Hier verbrachte der Romantiker E.T.A. Hoffmann 15 Jahre seines schaffensreichen Lebens (1808–1813). Wohnräume, darunter das »Poetenstübchen«, sowie Dokumente aus seinem Werk und Leben.
Schillerplatz 26
Mai–Okt. Di–Fr 16–18,
Sa, So 10–12 Uhr

Fränkisches Brauereimuseum ■ b 3
Es befindet sich im ehemaligen Kloster auf dem Michelsberg in der alten Benediktiner-Braustätte (1122 erstmals erwähnt). Zu sehen ist alles, was mit der Herstellung des begehrten Gerstensaftes zusammenhängt. Die drei Standbeine des Bieres, Brauerei, Mälzerei und Büttnerei, werden anschaulich dokumentiert. Im Sudhaus finden Vorträge statt, wobei man sich auch moderner Medien bedient. Anfang September findet alljährlich das »Nostalgiefest« des Brauereimuseums statt.
Michelsberg 10f
Tel. 09 51/53 0 16, Fax 5 25 40
April–Okt. Do–So 13–16 Uhr
(Führungen anmelden)

Gärtner- und Häckermuseum ■ e 1
Wohn- und Arbeitswelt um 1900 in einem historischen Gärtnerhaus.
Mittelstr. 34
Mai–Okt. Mi und So 14–17 Uhr

Historisches Museum ■ b 4/c 4
In der Alten Hofhaltung. Exponate zur Geschichte der Stadt Bamberg.
Domplatz 7
Mai–Okt. Di–So 9–17 Uhr;
Nov.–April Sonderausstellungen

Karl-May-Museum ■ e 5
Aus der »Villa Shatterhand« zu Radebeul stammt noch der Schreibtisch im rekonstruierten Arbeitszimmer des Bestseller-Autors Karl May. Indianische Waffen und Gegenstände des indianischen Alltags ergänzen das Angebot.
Hainstr. 11

Naturkundemuseum ■ d 3
Im ehemaligen Jesuitenkolleg von Leonhard Dientzenhofer gilt der alte Vogelsaal aus der Zeit um 1795 als

»Museum im Museum«, während im modernen Museumsbereich mit heutiger Technik Wissenswertes zur Naturgeschichte dargeboten wird.
Fleischstr. 2
Di–So 10–16 Uhr

Neue Residenz mit Altdeutscher Galerie ■ b 4/c 4
Hier sind u. a. Werke der großen Meister der Renaissance und des Barock zu sehen (Lukas Cranach u. a.).
Domplatz 8
Tgl. 9–12 und 13.30–17 Uhr,
Okt.–März nur bis 16 Uhr

Essen und Trinken

Altenburg
Burgrestaurant mit komfortabler Einrichtung. An Ausflugstagen voll und daher Tischreservierung empfehlenswert. In Verbindung mit der Burgbesichtigung ein abgerundetes Programm. Der »Rittersaal« bietet Platz für 140 Personen. Mitte Juni geht's beim alljährlichen Weinfest besonders romantisch zu.
Altenburg 1
Tel. 0951/56828, Fax 59549
Di–Sa 11–23 Uhr; So ab 17 Uhr und Mo geschl.
Mittlere Preisklasse

Bierkeller und Biergärten
So zahlreich wie die Brauereien sind auch die entsprechenden Lokalitäten. Anfang Mai, wenn »die Saison« eröffnet wird (meist mit Weißwurstessen oder ähnlichem) und besonders zur Zeit der »Sandkerwa« Ende August hält die Bamberger nichts davon ab, die Bierkeller am Stephansberg oder die Biergärten in der Altstadt zu frequentieren. Zwei aus der reichhaltigen Palette der Bamberger Bierkeller: **Greifenklau** auf dem Kaulberg (Laurenziplatz) und **Mahrs Bierkeller** (Oberer Stephansberg). Beide Keller gehören zu den großen Stadtbrauereien Bambergs, bieten urige fränkische Küche (auch eigene Brotzeit kann hier verzehrt werden) und verfügen über reichlich Platz unter schattigen Bäumen bzw. ein festes Dach überm Kopf bei widrigem Wetter. An heißen Tagen sollte man sich allerdings rechtzeitig (ab 16 Uhr) einen Sitzplatz ergattern.

Hofbräu ■ c 4
Speiserestaurant und Café in der ehemaligen Münzmeisterei. Gutbürgerliche Küche in stimmungsvoller Atmosphäre. Sehr zu empfehlen ist die »Bamberger Bierhaxe mit Kloß und Kraut in Rauchbiersauce«, wozu sich natürlich das Bamberger Rauchbier anbietet. Auch die Vegetarier kommen hier zu ihrem Recht.
Karolinenstr. 7
Tel. 0951/53321, Fax 52555
Tgl. 10–1 Uhr (Sa bis 2 Uhr)
Mittlere Preisklasse

Kachelofen ■ c 4
Am Aufgang zum Dom (neben Schreiner's Weinstuben) mit deftiger Küche, Rauchbier und allem, was man von einer auf Tourismus eingestellten Gastronomie erwarten darf (durchgehend warme Küche!).
Obere Sandstr. 1
Tel. 0951/57172
Tgl. 10–1 Uhr
Mittlere Preisklasse

Polarbär ■ c 5
Treffpunkt Junger und Junggebliebener mit rauchfreier Zone, biologischen Weinen und schönem Biergarten.
Judenstr. 7-9
Tel. 0951/53601
Tgl. 11–1 Uhr (Sa bis 2 Uhr)
Untere Preisklasse

Schlenkerla ■ c 4
Weitverzweigte Räumlichkeiten im ehemaligen Dominikanerkloster einschließlich Innenhof in historischem Outfit. Spezialität ist das »Aecht Schlenkerla Rauchbier«. Mittags und abends fränkische Gastronomie und ein spezielles Angebot für Eigenverzehrer: In den Zeiten von 9.30–11.30 und 14–18 Uhr darf, außer am Sonntag, nach altem Bierkutscherbrauch auch heute noch jeder seine mitgebrachte Brotzeit verspeisen. Sogar Teller und Besteck werden dazu serviert...
Dominikanerstr. 6
Tel. 0951/56060, Fax 54019
Tgl. außer Di 9–24 Uhr
Mittlere Preisklasse

Spezial ■ e 2
Urigste Rauchbierkneipe Bambergs! Hier verkehren die Alt- und Neu-Bamberger an blankgescheuerten Tischen bei leicht geräuchertem »Spezial-Bier« und fränkischen Spezialitäten (Speckknödelsuppe, Leberkäse, Rippchen, Kesselfleisch, Blaue Zipfel und vieles mehr). Um ein »Seidla« (1/2 Liter) nachzubestellen, wird das leere (!) Glas quer auf den Tisch gelegt. Die dunkle Täfelung und der Kamin schaffen eine anheimelnde Atmosphäre. Exponierte Lage mit herrlichem Blick auf die Altstadt.
Obere Königstr. 10
Tel. 0951/24304
So–Fr 9–22, Sa 9–14 Uhr
Untere Preisklasse

Service

Auskunft

Fremdenverkehrsamt ■ d 4
Geyerswörthstr. 3
96047 Bamberg
Tel. 0951/871161, Fax 871960
Mo–Fr 9–17 Uhr

Was München sein Hofbräuhaus, ist Bamberg sein Schlenkerla

Schiffahrt ■ c 4/d 4
Abfahrt am Kranen beim Alten Rathaus
Lange Str. 22 (Info)
Tel. 0951/25256

Stadtführungen
»Normal« und auf »Schleichwegla« (sechs Touren, u. a. zu den Stätten der Hexenverfolgung oder auf den Spuren der Dichter). Anmeldung im Verkehrsamt bzw. beim Verein »Bamberger Schleichwegla e.V.«
Dr.-Rattel-Str. 8
Tel. 0951/47414

Vorverkauf

E.T.A.-Hoffmann-Theater ■ d 4
Schillerplatz 5
Tel. 0951/871433

Bamberger Symphoniker ■ b 2
Mußstr. 1
Tel. 0951/9647100, Fax 9647123

Ausflugsziele

Scheßlitz und Giechburg ■ B 2

Die 7000 Einwohner zählende Stadt Scheßlitz östlich von Bamberg zählt zu den ältesten Siedlungsorten der Region. Hier wurde unter Karl dem Großen eine der 14 Kirchen zur Missionierung der Slawen errichtet (**St. Kilian** mit prächtiger Ausstattung des Spätbarock, Rokoko und Frühklassizismus). Der **Dilligsche Gasthof** von 1692 (Hauptstr. 33; ehemaliges Zunfthaus der Brauer) zählt zu den schönsten Fachwerkbauten Frankens! Die katholische **Spitalkirche St. Elisabeth** wurde 1769 nach einem Plan von Johann Michael Küchel errichtet und von Franz Martin Mutschelle mit einer repräsentativen Fassade ausgestattet.

Von Scheßlitz aus empfiehlt sich ein gutausgeschildeter Abstecher hinauf zur **Giechburg**.

Hotels und andere Unterkünfte

Giechburg
Eindrucksvolles Schloßhotel mit Restaurant und schönem Biergarten.
Schloß Giechburg
96110 Scheßlitz
Tel. 0 95 42/4 24
6 Zimmer
Mittlere Preisklasse

Krapp
Großzügig ausgestatteter Hotel- und Gaststättenkomplex im Herzen der Scheßlitzer Altstadt.
Oberend 3
96110 Scheßlitz
Tel. 0 95 42/80 66
30 Zimmer
Mittlere Preisklasse

Service

Auskunft

Rathaus
96110 Scheßlitz
Tel. 0 95 42/2 66, Fax 75 82

Der Besondere Tip

Bierseminare Das Fremdenverkehrsamt der Stadt Bamberg bietet das »Bamberger Bierseminar« an. Im Leistungsumfang sind Übernachtungen mit Frühstück in einem der Brauereigasthöfe der Stadt, das eigentliche Seminar mit theoretischem und praktischem Teil, Stadtführung, Ausflugsfahrt, eine fränkische Brotzeit, ein fränkisches Bratwurstessen und ein fränkisches Dreigängemenü, das »Bierkennerdiplom« mit Erinnerungskrug, die Seminarunterlagen und eine Info-Tasche »Bamberg« enthalten. Die Seminare finden entweder in der ersten Oktoberhälfte oder Ende November statt; rechtzeitig beim Verkehrsamt anmelden. ■ d 4

Die Stadt am Rand der Fränkischen Schweiz bietet viel für ihre Größe: Richard Wagners Erbe hat Bayreuth weltberühmt gemacht.

Bayreuth

■ F 2

Schauplatz der **Richard-Wagner-Festspiele**, **Markgräfin Wilhelmines** lebendig gewordener Traum in Rokoko, **Jean Pauls** Dichteridyllen und letzte Lebensstation von **Franz Liszt**: selten findet sich in einer Stadt dieser Größenordnung eine solch geballte Ladung aus Musik, Architektur und Literatur wie im Falle Bayreuths. Wer allerdings Spektakuläres erwartet, wird enttäuscht. Hektik kommt allenfalls auf, wenn Bayreuth unmittelbar vor und während der Festspielzeit acht Wochen lang aufblüht, um dann für zehn Monate wieder in die »Normalität« einer nordbayerischen Industrie-, Universitäts- und Beamtenstadt abzutauchen. Doch gerade in der »festspielfreien« Zeit von Anfang September bis Mitte Juli bietet Bayreuth für Kunstliebhaber ein abwechslungsreiches Menü. Und wenn wir uns schon der Sprache der leiblichen Genüsse bedienen: wer fränkische Hausmannskost und frischgebrautes Bier schätzt,

Barockes Glanzlicht: der Sonnentempel von Schloß Eremitage

der kommt hier ebenfalls voll auf seine Kosten. Durch seine Lage zwischen Fichtelgebirge und Fränkischer Schweiz zieht Bayreuth alljährlich zahlreiche Natur- und Wanderfreunde an, welche die Stadt als Ausgangspunkt ausgedehnter Touren und abwechslungsreicher Ausflüge nutzen.

Markgrafen...

Bayreuths Geschichte wurde durch die Zollerschen Markgrafen von Brandenburg-Bayreuth geprägt. Als diese noch Burggrafen von Nürnberg waren, fiel ihnen im Jahre 1248 das Kleinstädtchen »Baierrute« anheim. Doch erst **Markgraf Christian Ernst** (1661–1712) und nach ihm die preußische Prinzessin **Friederike Sophie Wilhelmine** (1709–1758), Schwester von König Friedrich dem Großen, verliehen Bayreuth jenen verführerischen Glanz aus Barock und Rokoko, der schließlich auch Richard Wagner in seinen Bann ziehen sollte. Das **Alte** und das **Neue Schloß**, das **Markgräfliche Opernhaus**, die **Eremitage** und die beiden Schlösser **Sanspareil** und **Fantaisie** sind Hinterlassenschaften aus markgräflicher Zeit. Nicht ohne Stolz wirbt die Stadt heute mit dem »Bayreuth der Markgräfin«, die sich auch als Schriftstellerin, Malerin und Komponistin einen Namen machte. Sogar um die Realisierung ihrer Bauvorhaben sorgte sie sich höchstpersönlich. So hat sie an der Erstellung des Plans für das Neue Schloß mitgewirkt.

Musiker...

1813 schrieb Jean Paul in fast prophetischer Manier: »Denn bisher warf immer der Sonnengott die Dichtgabe mit der Rechten und die Tongabe mit der Linken zwei so weit auseinander stehenden Menschen zu, daß wir noch bis diesen Augenblick auf den Mann harren, der eine ächte Oper zugleich dichtet und setzt.« Just am 22. Mai desselben Jahres wurde **Wilhelm Richard Wagner** als jüngstes von neun Kindern in Leipzig geboren. Die erste Begegnung mit Bayreuth hält er in seiner Autobiographie »Mein Leben« fest: »Die Fahrt durch Eger, über das Fichtelgebirg, mit der Ankunft in das vom Abendsonnenschein lieblich beleuchtete Bayreuth, wirkte noch bis in späteste Zeiten angenehm auf meine Erinnerung.«

Das Opernhaus mit seiner großen Bühne bewog Richard Wagner und seine Frau **Cosima**, Bayreuth als die gesuchte Festspielstadt ins Auge zu fassen. Doch weniger das Opernhaus, das sich für die Pläne Wagners als ungeeignet erwies, als die »Lage und Eigentümlichkeit der freundlichen Stadt« zog die beiden in ihren Bann. Vom Schloß Fantaisie aus, wo sie ihr erstes Quartier bezogen, knüpften Richard und Cosima Wagner die für den Bau des Festspielhauses nötigen Kontakte mit der Stadt und den Banken. Am 22. Mai 1872 erfolgte die Grundsteinlegung. Drei Jahre später feierte man das Richtfest, und 1882 wurde das Haus anläßlich des Besuchs von Ludwig II. um den »Königsbau« erweitert.

Wagner und die Festspiele hinterließen Bayreuth noch ein weiteres Juwel: In der **Villa Wahnfried**, in der der große Komponist mit den Seinen lebte, befindet sich heute das **Richard-Wagner-Museum** samt Bibliothek, »Klingendem Museum« (Tonarchiv) und 60 beleuchteten Bühnenmodellen Bayreuther Inszenierungen. Im angrenzenden **Siegfried-Wagner-Haus** wurden das Nationalarchiv, das Archiv der Richard-Wagner-Stiftung und die Verwaltung der Stiftung untergebracht, und am **Hofgarten** kann man das Grab von Richard und Cosima Wagner besuchen.

In unmittelbarer Nachbarschaft zum Haus Wahnfried befindet sich das **Franz-Liszt-Museum**. Hier starb der große Pianist, Komponist und Dirigent (1811–1886), der nicht nur mit all den Musikerberühmtheiten seiner Zeit zusammentraf, wie Salieri, Paganini, Chopin, Schumann, Brahms oder Schubert, sondern der auch zu Richard Wagner eine ganz besondere Beziehung pflegte. »Ein für allemal zählen Sie mich von nun an zu ihren eifrigsten und ergebensten Bewunderern – nah wie fern bauen Sie auf mich und verfügen Sie über mich!« schrieb Liszt an Wagner im Jahre 1849. Vier Jahre später verfaßte dieser ein Dankesschreiben: »Wo hat ein Künstler, ein Freund für den anderen getan, was Du für mich tatest!!« Notabene war Cosima, die Frau Wagners, eine der beiden Töchter von Franz Liszt.

Richard Wagner und Bayreuth sind fast schon Synonyme

...und Dichter

Ebenfalls in unmittelbarer Nachbarschaft lädt die Stadt Bayreuth zum Besuch des **Jean-Paul-Museums** ein. Der im Jahre 1763 in Wunsiedel geborene Dichter, ein Zeitgenosse von Schiller, Herder und Goethe, verbrachte 21 Jahre seines schaffensreichen Lebens in Bayreuth, wo er am 14. November des Jahres 1825 verstarb. Die »**Rollwenzelei**« mit ihrem Dichterstübchen, mehrere über die Altstadt verstreute Wohnhäuser, das Sterbehaus in der Friedrichstraße und die Grabstätte auf dem Stadtfriedhof erinnern noch heute an den bedeutenden Literaten.

Hotels und andere Unterkünfte

Bayerischer Hof
Erste Adresse für die Festspielprominenz. Exquisite Küche.
Bahnhofstr. 14
95444 Bayreuth
Tel. 0921/78600, Fax 22085
112 Betten
Obere Preisklasse (Amex, DC, EC, Visa)

Eremitage
Hotel im Schloßpark mit vornehmer Zimmerausstattung, Gourmet-Restaurant und Orangerie-Caféteria.
Eremitage 6
95448 Bayreuth
Tel. 0921/799970, Fax 7999711
6 Zimmer
Nov.–Feb. geschl.
Obere Preisklasse (Amex, EC)

Goldener Anker
Historisches Haus nahe der Oper. Gediegene Atmosphäre.
Opernstr. 6
Tel. 0921/65051, Fax 65500
Mittlere Preisklasse (EC, Visa)

Thiergarten
Schloßhotel in barockem Ambiente; gut erreichbar auf einem Hügel ca. 2 km südlich der Stadt.
Oberthiergärtner Str. 36
95406 Bayreuth-Thiergarten
Tel. 09209/9840, Fax 98429
8 Zimmer
Obere Preisklasse (Amex, DC, EC, Visa)

Zum edlen Hirschen
Preiswerte Alternative zum Übernachten in City-Nähe. Schlichter Zimmerkomfort und rustikale Wirtsstube.
Richard-Wagner-Str. 77
Tel. 0921/64120
54 Zimmer
Untere Preisklasse

Spaziergang

Zur Einstimmung in die Wagner-Stadt Bayreuth bietet sich die **Villa Wahnfried** als Ausgangspunkt des Stadtrundgangs an. Da sich in der Nachbarschaft auch das **Jean-Paul-Museum** und das **Franz-Liszt-Museum** befinden, öffnet sich die Stadt hier dem Besucher von ihrer musischen Seite. Doch nicht genug: Am **Hofgarten** lädt das **Deutsche Freimaurermuseum** dazu ein, sich mit der Geschichte dieser ominösen Loge auseinanderzusetzen, die in Bayreuth durch Markgraf Friedrich im Jahre 1741 gegründet wurde.

Durch eine der beiden Seitenalleen des angrenzenden Hofgartens gelangt man zum **Neuen Schloß**, das Markgraf Friedrich und Markgräfin Wilhelmine in den Jahren 1753 bis 1763 neu errichten ließen, nachdem das **Alte Schloß** einem verheerenden Brand zum Opfer gefallen war.

Vorbei am **Reiterstandbild des Markgrafen Christian Ernst** aus dem Jahre 1705 – den Entwurf lieferte Leonhard Dientzenhofer – und entlang der Ludwigstraße mit dem ehemaligen **Ellrodtschen Palais** von 1762 (Nr. 26) und dem frühklassizistischen Bau des **Storchenhauses** (Nr. 29) erreicht man die »Schlagader« der Altstadt, den **Sternplatz**. Von rechts mündet die Richard-Wagner-Straße ein und von links die verkehrsberuhigte **Maximilianstraße**, Bayreuths Prachtboulevard.

Der Rundgang führt geradeaus über die Kreuzung hinweg in die Opernstraße und hier nach nur wenigen Metern rechter Hand zum **Markgräflichen Opernhaus**. TopTen 8

Einen Abstecher lohnt das **IWA-LEWA-Haus** in der Münzgasse Nr. 9 (gleich hinter dem **Opern-Café** rechts). Schon von außen fällt die bunte Bemalung der Fassade ins Auge. In der ehemals markgräflichen Münze hat das Afrika-Zentrum der Bayreuther Universität moderne Kunst aus dem Schwarzen Kontinent zusammengetragen. Gegenüber dem Opernhaus erhebt sich der barocke Bau der ehemaligen Schloßkirche, heute katholische **Stadtpfarrkirche Mariä Himmelfahrt**. 1756 wurde sie anstelle eines abgebrannten Flügels des Alten Schlosses neu errichtet. Sehenswert sind im Innern die Stukkierung im Stil des Spät-Rokoko und die bereits klassizistisch geprägte **Fürstengruft** aus dem Jahre 1760. Hier liegt die Markgräfin Wilhelmine begraben, die Lieblingsschwester Friedrichs des Großen.

Im Westen der Kirche macht sich das **Alte Schloß** breit. Überragt wird die Anlage, in der heute die städtischen Finanzbeamten ein- und ausgehen, von dem wuchtigen **Schloßturm**, der mit seinen acht Ecken als heimliches Wahrzeichen Bayreuths gilt. 150 Jahre diente das Schloß den Bayreuther Markgrafen als Residenz, bevor es 1753 einem Brand zum Opfer fiel. Leonhard Dientzenhofer gilt als Architekt des Nachfolgebaus, der nach seiner Renovierung wieder in den alten rotweißen Farben erstrahlt. Zierliche Lorbeermedaillons mit Büsten antiker Gottheiten schmücken die Fassade. Heute öffnet sich das Schloß zur Maximilianstraße hin. 1753 wurde der Südflügel abgebrochen und ein Ehrenhof angelegt. 1860 errichtete man hier ein Denkmal zu Ehren Maximilian II.

Westwärts erweitert sich die Maximilianstraße zu einem beeindrukkenden Straßenplatz. Hier pulsiert heute das Wirtschaftsleben der Stadt. Das reichhaltige Angebot des Einzelhandels lädt zum Einkaufen und Bummeln ein, und die zahlreichen Restaurants, Imbiß-Stationen und Cafés tragen auf ihre Weise zur Belebung der verkehrsberuhigten Zone bei. Die Häuser der Südseite präsentieren sich mit ihren engen Giebelfassaden noch wie zur Zeit ihrer Entstehung im 16. und 17. Jh. Das **Alte Rathaus** an der Ecke zur Brautgasse ziert sich ebenso wie die Mohrenapotheke (Nr. 57) mit verspielt wirkenden Eck-Erkern (beide 17. Jh.). Im Westen stößt die Maximilianstraße auf die **Spitalkirche**, eine Schöpfung des Architekten Joseph Saint-Pierre und des Hofbildhauers Johann Gabriel Räntz aus der Zeit um 1780.

Über die Von-Römer-Straße gelangt man in ein Gewirr von kleinen Gäßchen, in denen sich heute neues Leben hinter altem Gemäuer regt. Viele kleine Geschäfte und Kneipen haben hier in den letzten Jahren so etwas wie eine Gegenszene zur wagnerianischen Monokultur entstehen lassen. Das aufkeimende Nachtleben wagt sich bis an die Mauern der altehrwürdigen Stadtkirche heran. 1605 zerstörte ein Brand das noch aus gotischer Zeit stammende Gotteshaus. Bei der Wiederherstellung hielt man sich getreu an die Architektur des 13. und 14. Jh., so daß die Stadtkirche heute zu den ansehnlichsten gotischen Pfarrkirchen Oberfrankens gerechnet werden kann. Einige wertvolle Einrichtungsgegenstände ziehen die Aufmerksamkeit auf sich: das **Küffnersche Epitaph** von 1615 mit einer zeitgenössischen Stadtansicht von Bayreuth; der ebenfalls aus der Zeit des Wiederaufbaus stammende Hochaltar mit seinen drei gotisch anmutenden Flügeln; der frappierend echt wirkende »**Glasbruch**« von 1634, der an den Beschuß der Stadt im Dreißigjährigen Krieg erinnern soll, und der neugotische **Taufstein**, dessen acht Alabasterreliefs von 1615 unter anderem das seltene

Motiv von Christus in der Weinkelter aufweisen. Elias Räntz schuf das beeindruckende Steinrelief des markgräflichen Kanzlers Carl von Stein (1626–1675) an einem der vordersten Pfeiler des Langhauses. Unter dem Chor befindet sich die **Fürstengruft** mit Sarkophagen von 26 Angehörigen der fränkischen Hohenzollern.

Gegenüber der Stadtkirche erstreckt sich in der Kanzleistraße der Gebäudetrakt des heutigen Bezirkstags von Oberfranken (ehemals markgräfliche Kanzlei). Rechter Hand gelangt man zur **Friedrichstraße**, einer der wenigen noch im ursprünglichen Architekturstil erhaltenen Prachtstraßen des Fürstentums Brandenburg-Bayreuth. Ihre Errichtung (1732–1760) geht auf die Ära des Markgrafen Friedrich und der preußischen Prinzessin Wilhelmine zurück und stellte einst die Verbindung zwischen markgräflicher Hofhaltung und dem **Jagdschloß Thiergarten** dar. In der Mitte weitet sich die Friedrichstraße zum **Jean-Paul-Platz** (ehemaliger Paradeplatz) mit dem Jean-Paul-Denkmal, das Ludwig Schwanthaler 1841 schuf. Ganz in der Nähe lädt das Jean-Paul-Café zu einer Reminiszenz an den Bayreuther Dichterfürsten ein, von dem das nicht gerade als Kompliment verstandene Kurzportrait der Markgrafenstadt stammen soll, wonach er in Bayreuth in der Hauptsache »Bier, Gegend und Langeweile« genossen habe. Hinter den Mauern der **Jean-Paul-Apotheke** lebte und starb der zu seiner Zeit durchaus verehrte Poet. Zu den schönsten Bauten in der Friedrichstraße gehören das **ehemalige Waisenhaus** mit dekorativen Giebeln und zierlichem Dachreiter und das mit reichem Figurenschmuck ausgestattete **Steingräberhaus** (Nr. 2), einst Wohn- und Geschäftshaus des gleichnamigen Pianoherstellers und heute Treffpunkt der Bayreuther Künstler (Galerie, Konzerte und anderes). Über die Ludwigstraße und das Neue Schloß führt der Rundweg zurück zum **Hofgarten** und zur **Villa Wahnfried**.

Außen schlicht, innen eines der schönsten Opernhäuser Europas

Sehenswertes

Festspielhaus

Was Richard Wagner und Gottfried Semper in München nicht schafften, verwirklichten sie in Bayreuth auf dem »Grünen Hügel« oberhalb der Stadt: das Richard-Wagner-Festspielhaus, eine der größten Opernbühnen der Welt. In den Jahren 1872 bis 1875 wurde es mit Geldern König Ludwig II. und unter der Leitung des Architekten Otto Brückwald errichtet. Vom Balkon des Königsbaus ertönen alljährlich zur Festspielzeit (letzte Juliwoche bis Ende August) die Klänge der Pausenbläser, um das von weither angereiste Publikum zu den Vorstellungen zu bitten. Aufgeführt werden ausschließlich Werke Richard Wagners (→ Feste und Festspiele, S. 28).

Festspielhügel 1

Außerhalb der Festspielzeit tgl. außer Mo Führungen um 10, 10.45, 14.15 und 15 Uhr, während der Festspiele nur vormittags; im Nov. und während der Proben geschl.

Markgräfliches Opernhaus

TOPTEN 8

»Pro Friedrico et Sophia« heißt es auf der Widmungskartusche der Hofloge. Gemeint sind Markgraf Friedrich und seine Gemahlin Friederike Sophie Wilhelmine von Preußen, deren Theaterleidenschaft die Bayreuther Hofkunst des 18. Jh. zur vollen Blüte entfaltete. 1746 wurde mit dem Bau des Opernhauses begonnen. Der Zuschauerraum umfaßt drei übereinander angeordnete Ränge mit der prachtvollen Fürstenloge im Zentrum.

Opernstr.

April–Sept. 9–12 und 13.20–17; Okt.–März 10–12 und 13.30–15.30 Uhr; Besichtigung nur im Rahmen von Führungen möglich (alle 30 Min.; außer Mo)

Neues Schloß

Nach dem Brand im Alten Schloß (1753) gingen gut zehn Jahre ins Land, bis der gewaltige Komplex des Neuen Schlosses fertiggestellt und eingerichtet werden konnte. Vorhandene Gebäude am Platz der ehemaligen Reitbahn, wie etwa das Haagsche- und das Prediger-Haus oder das Meyernsche Palais sowie die Reformierte Kirche wurden in den Neubau integriert und entsprechend den Vorstellungen der Markgräfin erweitert und ausgebaut. Die Pläne lieferte Hofbaumeister Joseph Saint-Pierre. Es folgten noch ein Galerieanbau (1757), der Italienische Bau (1759) und ein Verbindungstrakt zwischen diesem und dem Südflügel des Schlosses. Die Fassade gebärdet sich eher zurückhaltend, während im Innern der ganze Reiz des höfischen Rokoko zum Tragen kommt. Man holte sich die Natur in die eigenen vier Wände und ergötzte sich an Blumenmustern und gemalten Landschaften, ohne sich die Lackschühchen oder Hemdrüschen dabei schmutzig zu machen. Der Festsaal mit seinen vergoldeten Stukkaturen auf sèvreblauem Grund, der langgestreckte Zedernsaal, das Spiegelscherbenkabinett, das Japanische Zimmer, das Teezimmer der Markgräfin, das Musik-, Spalier- und Palmenzimmer sowie die Gartenwohnung mit Bad, Grotten, Galerie und Ruhezimmern gehören zum breitgefächerten Raumangebot des Neuen Schlosses. Wegen der umfangreichen Restaurationsarbeiten gibt dieses seine Schätze nur stückweise preis.

Ludwigstr.

April–Sept. 9–11.20 und 13.30–16.10; Okt.–März 10–11.20 und 13.30–14.50 Uhr; Besichtigung nur im Rahmen von Führungen möglich (alle 40 Min.; außer Mo)

Schloß Eremitage
Natur und Kunst verbinden sich in der Eremitage auf eigenwillige Weise. Ca. 5 km östlich der Stadt entstand auf einer vom Roten Main umflossenen Anhöhe ein kurioses Gemisch aus höfischer Architektur und barocker Landschaftsgestaltung. Die 1753 vollendete Anlage entstand auf dem Gelände eines ehemaligen Tiergartens (1664).

Zu besichtigen sind das **Alte Schloß** (Vierflügelanlage mit Innenhof; Japanisches und Chinesisches Kabinett, Schreibzimmer, Marmorsaal, Audienz- und Schlafzimmer des Markgrafenpaares und Grottenbau mit Wasserspielen), das **Neue Schloß** (Orangerie; dreiteilige Anlage mit dem alles in den Schatten stellenden Sonnentempel in der Mitte, dessen Fassade mit buntbemalten Glasschlacken und Kristallen verziert ist – auf der Kuppelhaube glänzt ein goldener Sonnenwagen; nördlich davon die Figurengruppe »Raub der Sabinerinnen« und Bassin mit Skulpturen) und der verspielte Park.
Ortsteil St. Johannis
Buslinie 2 ab Marktplatz Bayreuth
Tgl. außer Mo April–Sept. 9–11.30 und 13–16, Okt. und März 10–11.30 und 13–14.30 Uhr
Mai–Okt. ab 10 Uhr stündlich (außer 12 Uhr) bis 17 Uhr Wasserspiele in der Grotte des Alten Schlosses; jeweils 10 Min. später in der unteren Grotte
Park ganzjährig geöffnet; Eremitage-Fest am 1. Sa im Aug. und »Sommerspiele« von Juni bis Aug.

Schloß Fantaisie
Der von Markgräfin Wilhelmine begonnene Bau (1758) wurde erst nach ihrem Tod vollendet. Sie ließ auch den Garten im Stil des Rokoko anlegen, der 1793 nach englischem Vorbild umgestaltet wurde. Er ist öffentlich zugänglich, während die Nutzung des Schlosses noch fraglich ist (geplant ist ein gartengeschichtliches Museum). Im hügeligen (!) Gelände des Parks beeindrukken der Neptunbrunnen (um 1760), die Eremitage mit Grotte, die Gräberstraße, der Herzogsweiher mit Schwaneninsel und Bootshaus, die Katakombe, die Alexanderkapelle und der alte Baumbestand.
Gemeinde Donndorf
Buslinie 5b ab Marktplatz Bayreuth
Park ganzjährig geöffnet; Schloßgebäude derzeit nicht zugänglich

Museen

Archäologisches Museum
Im Italienischen Bau des Neuen Schlosses werden Exponate zur Vor- und Frühgeschichte des Bayreuther Siedlungsgebietes bzw. des ostoberfränkischen Raumes gezeigt.
Ludwigstr. 25b
Da das Museum von der Prähistorischen Staatssammlung als Zweigmuseum betrieben werden soll, sind die Öffnungszeiten derzeit noch ungeklärt.

Deutsches Freimaurermuseum
Werkzeuge aus den Bauhütten sowie Orden, Familienwappen, Siegel und Dokumente zur Geschichte der Freimauerei. 1741 wurde die Bayreuther Loge durch Markgraf Friedrich gegründet.
Im Hofgarten 1
Di–Fr 10–12 und 14–16,
Sa 10–12 Uhr

Franz-Liszt-Museum
Dem Komponisten und Dirigenten Franz Liszt (1811–1886) hat die Stadt Bayreuth 1993 in der Nähe der Villa Wahnfried ein eigenes Museum eingerichtet. Es zeigt mit seinen geschmackvoll eingerichteten Räumen nicht nur das Leben und Werk Liszts, es begleitet die Besucher auf

Wunsch mit Einspielungen aus den Klavierstücken und Orchesterwerken des Grandseigneur der europäischen Musik.
Wahnfriedstraße 9
Tgl. 9–12 und 14–17 Uhr

Jean-Paul-Museum
Das Museum dokumentiert das Leben Jean Pauls und seine Beziehungen zu den »Größen« seiner Zeit, wie etwa Goethe, Schiller oder Herder. Sein Dichterstübchen in der »Rollwenzelei« im Stadtteil Colmdorf kann auf Anfrage besichtigt werden (Königsallee 84, Tel. 9 24 13).
Wahnfriedstr. 1
Tgl. 9–12 und 14–17 Uhr

Stadtmuseum
Völlig neu konzipiertes und eingerichtetes Haus zur Stadtgeschichte und -entwicklung von Bayreuth sowie zur Geschichte des Fürstentums Brandenburg-Bayreuth; Sonderausstellungen.
Kirchplatz 4
Tgl. 10–16 Uhr

Richard-Wagner-Museum (Villa Wahnfried)
Zwischen Hofgarten und Richard-Wagner-Straße bezog Richard Wagner im Jahre 1874 die von ihm selbst entworfene Villa Wahnfried, in der er bis zu seinem Tod im Jahre 1883 arbeitete und lebte. 1976 wurde das Haus für die Öffentlichkeit als Museum zugänglich. Im Erdgeschoß ist eine eigene Abteilung dem Motto »Kuriosa, Kitsch & Kostbarkeiten« gewidmet. Im Ober- und Zwischengeschoß veranschaulichen zahlreiche Bilddokumente und schriftliche Zeugnisse den Lebens- und Werdegang des großen Künstlers. Die Besucher erfahren hier auch alles Wissenswerte zur Geschichte der Bayreuther Festspiele. Im Haus befinden sich auch die Originalpartituren Wagners.
Richard-Wagner-Str. 48
Tgl. 9–17 Uhr; im »Klingenden Museum« sind um 10, 12 und 14 Uhr Ausschnitte aus Wagners Werk im Saal zu hören; Videovorführungen 11 und 15 Uhr im Kaminzimmer

Im Garten von Schloß Fantaisie

Essen und Trinken

Funch
Nobles Café in der City. Frühstücksangebote und gute Auswahl an Kuchen und Torten aus eigener Konditorei. Auch edle Pralinen und feinstes Marzipan.
Sophienstr. 9

Jean-Paul-Café
Auch wenn die Einrichtung auf den ersten Blick kitschig und überladen wirkt: Hier ist der Geist des großen Poeten noch allenthalben lebendig!
Friedrichstr. 10
Sa–Do 9–18 Uhr

Opern-Café
In dem traditionsreichen Café neben der Oper hat man sich dem Einrichtungs-Zeitgeist nicht gebeugt. Idyllische Gartenterrasse und große Auswahl an Torten und Kuchen.
Opernstr. 16
Mo geschl.

Spiegelmühle
Restaurant und Hotel in historischem Gebäude mit Inventar aus der Mühle als Dekoration. Fränkisch-schwäbische Spezialitäten und als Besonderheit Speisen nach alten Kochrezepten bzw. nach »markgräflicher Art«. Gemüse und Obst aus dem eigenen Garten.
Kulmbacher Str. 28
Tel. 0921/41091
Mo–Sa 18–24 Uhr, So 12–14 Uhr warme Küche
Mittlere Preisklasse

Tadsch Mahal
Ausgezeichnete pakistanische und indische Küche mit großer Auswahl und erfrischenden Joghurt-Drinks.
Kulmbacher Str. 3
Tel. 0921/56756
Warme Küche tgl. bis 24 Uhr
Mittlere Preisklasse

Einkaufen

Hagen
Antiquariat mit Büsten, Graphiken etc. zu Wagner, Liszt und anderen geistigen Größen der Stadt.
Ludwigstr. 6
Di–Fr 14.30–18, Sa 10–13 Uhr

Holzwurm
Holzspielzeug, Erwachsenenspiele und Volkskunst aus dem Erzgebirge.
Maximilianstr. 85

Am Abend

Brandenburger Kulturstadl
Laien-Theater (unter anderem Krimis).
Brandenburger Str. 35
Vorverkauf an der Theaterkasse (→ S. 55) oder unter Tel. 0921/13663

Podium
Jazzkneipe mit Live-Musik am Wochenende. Exotische Gerichte.
Mainstr.16
Tel. 0921/26244
Tgl. 19–1, Fr und Sa bis 3 Uhr; warme Küche bis 0.30 Uhr

Rosa Rosa
Treff der Jugend. Rauchgeschwängerte Atmosphäre, fetzige Musik und kleine Gerichte bis 24 Uhr.
Von-Römers-Str. 2
Tel. 0921/68502

Steingräberhaus
Klavierabende, Lyrik, Gesang und Vorträge im renommierten Pianohaus Steingräber & Söhne.
Friedrichstr. 2
Tel. 0921/64049

Studiobühne
Engagiertes Ensemble-Theater; im Foyer (1. Stock) Chanson- und Schlagerabende bei Wein und Bier.
Röntgenstr. 2
Tel. 0921/56505

Service

Auskunft

Fremdenverkehrsverein/Tourist-Information
Informiert auch über Pauschalarrangements wie z. B. »Bier-KulTour« (Bierseminar) und »Leben wie die Markgrafen«. Veranstaltet Stadtrundgänge jeweils Sa 10 Uhr.
Luitpoldplatz 9
95444 Bayreuth
Tel. 09 21/8 85 88, Fax 8 85 55

Ausstellungen

Monatlich wechselnde Kunstausstellungen im Neuen Rathaus. Programm im Veranstaltungskalender des Fremdenverkehsvereins.
Luitpoldplatz
Mo, Di, Do und Fr 8.30–17,
Mi 8.30–18 Uhr

Festspielkartenverkauf

Schriftlich beim Kartenbüro.
Postfach 100262
95402 Bayreuth
Tel. 09 21/2 02 21 (Mo–Fr)
Während der Festspielzeit ist das Kartenbüro (Portal II) von 10–12 Uhr und 1 1/2 Stunden vor den Aufführungen geöffnet.

Theaterkasse

Kartenvorverkauf für Stadthalle und Kleinbühnen.
Jean-Paul-Platz
Tel. 09 21/6 90 01, Fax 8 85 55
Mo–Fr 9–18 Uhr, Sa 9–12 Uhr

Hier lebte einst der Dichter: altdeutsches Interieur im Jean-Paul-Café

Ausflugsziel

Thurnau ■ D 1

Ein imposantes **Schloß**, eine pompös eingerichtete **Pfarrkirche**, ein sehenswertes **Töpfermuseum**, verschieferte Bürgerhäuser und Fachwerkbauten am Oberen Markt sowie ein idyllisch gelegener **Schloßsee**: das sind die kulturgeschichtlichen Attraktionen des im äußersten Norden der Fränkischen Schweiz am Limmersdorfer Forst gelegenen Thurnau. Von den Andechs-Meranern gelangte der Ort an das Bistum Bamberg, das ihn an die beiden Adelsgeschlechter von Giech und von Künßberg weiterveräußerte. Sie hinterließen Thurnau ein baugeschichtliches Erbe, von dem der örtliche Fremdenverkehr noch heute zehrt.

Vom Marktplatz mit dem Neptunsbrunnen bietet sich ein beeindruckender Blick auf den wuchtigen Schloßtrakt und die **St.-Laurentius-Kirche**. Der Altar von Elias Räntz (1703), die Orgel seines Nachkommens Johann Gabriel (1767) und die prachtvolle Stuckkanzel des Bayreuther Künstlers Bernadino Quadri (1703) sind in der typischen Manier barocker Markgrafenkirchen angeordnet. Eine Doppelempore schwingt sich auf die Gegenseite zur kunstvoll dekorierten Herrschaftsloge, die um 1800 durch einen Brückengang mit dem Schloß verbunden wurde. Hier wohnten die Schloßherren, unter anderem die Adeligen aus dem Hause Künßberg-Bothmer und Giech-Khevenhüller, dem Gottesdienst bei.

Das Schloß selbst wurde bereits 1239 in einer Urkunde erwähnt. Aus dieser Zeit stammt noch der nördliche Teil des Kemenatenbaus. Im 15. Jh. wurde die Anlage erstmals erweitert. Gegenüber der Kirche entstand das **Untere Schloß** mit Kemenaten-, Archiv- und Storchenbau sowie Wehrmauer mit Turm.

Im 16. und 17. Jh. erfolgte schließlich der weitere Ausbau: Der Kemenatenbau erhielt seinen noch heute auffälligen Renaissancegiebel, einen Gebetserker und zwei Treppentürme; ein gewaltiger Torbau entstand beim Kirchgang im Osten, und der Künßbergflügel schloß die Anlage nach Westen ab. Um den **Oberen Schloßhof** gruppierten sich dann im 18. Jh. der **Karl-Maximilians-Bau**, das **Kutschenhaus** und der **Hans-Georgen-Bau**.

Das Thurnauer Schloß wird seit 1977 von der Universität Bayreuth als Forschungsinstitut für Musiktheater genutzt. Einzelne Fakultäten unterhalten hier ein Tagungszentrum mit Gästewohnungen. Die Restaurierung der Räume ist noch im vollen Gange (derzeit keine Besichtigung möglich).

Östlich des Schlosses öffnet sich der **Obere Markt** mit seinen sehenswerten schiefergedeckten Sandsteinhäusern und einer ausgefallenen Treppen- und Terrassenarchitektur. Das Straßenensemble gilt in seiner Art als eines der schönsten in Franken. Junge Leute haben sich in den Bürgerhäusern niedergelassen, um hier zu wohnen und zu arbeiten (Kunsthandwerk und anderes).

Den schönsten Blick auf Thurnau und sein Schloß genießt man bei einem Spaziergang entlang dem Ufer des Schloßsees. Ruhebänke, Spielplätze und Einkehrmöglichkeiten bieten dabei reichlich Abwechslung für jung und alt.

In Thurnau gibt es dreimal im Jahr **Kirchweih**: 14 Tage nach Ostern feiert man hier die Frühjahrskirchweih, am Sonntag nach Jakobus (Ende Juli) die Hauptkirchweih und schließlich am Sonntag vor St. Gallus (Mitte Oktober) die Herbstkirchweih.

Hotels und andere Unterkünfte

Schloßsee
Idyllisch am See gelegenes Appartementhaus mit komfortabler Einrichtung. Auf Wunsch auch Frühstück möglich.
Am Damm 1
Tel. 0 92 28/2 94
7 Appartements für 2–4 Personen
Untere Preisklasse

Schloß Thurnau
Die Gästewohnungen der Universität Bayreuth stehen nach Voranmeldung auch Urlaubern zur Verfügung; mit Tagungsmöglichkeiten und Räumlichkeiten zum Feiern; internationales Frühstücksbüffet; sonstige Verköstigung auf Wunsch.
Wissenschaftszentrum Schloß Thurnau e.V.
Marktplatz 1
Tel. 0 92 28/72 30, Fax 73 55
14 DZ-Appartements
Mittlere Preisklasse

Museum

Töpfereimuseum
In der ehemaligen Lateinschule aus dem 16. Jh., gleich neben der Kirche gelegen, wird in geschmackvoll eingerichteten Räumen das seit dem 14. Jh. berühmte Thurnauer Töpferhandwerk in all seinen Varianten gezeigt. Lebendig bleibt das Museum durch Werkstattausstellungen und die neuesten Keramiken der noch am Ort tätigen Töpfereien.
Kirchplatz 12
Tel. 0 92 28/53 51 (Gruppenführung anmelden)
April–Sept. Di–Sa 14–17; So 10–12 und 14–17 Uhr; Okt.–März Do und Sa 14–17, So 10–12 und 14–17 Uhr

Essen und Trinken

La Piazza
Direkt am Marktplatz gegenüber vom Schloß gelegenes italienisches Restaurant mit exzellenter Küche und freundlich-hellem Outfit. Vor dem Haus Freitische beim Neptunsbrunnen.
Marktplatz
Tel. 0 92 28/56 92

Einkaufen

Renner
Thurnauer Traditionstöpferei mit original Thurnauer Tonwaren nicht nur zum Anschauen, sondern auch für den Gebrauch.
Eckersdorfer Weg 1

Tittmann
Das Künstlerehepaar Brigitta und Claus Tittmann betreibt in Berndorf (Ortsteil von Thurnau) eine Künstlerwerkstatt. Sie dient auch für Ausstellungen. Angeboten werden Schmuck, keramische Plastiken und dekorative Gefäße.
Berndorf 43
95349 Thurnau
Tel. 0 92 28/2 52

Töpferei am Museum
Zu Füßen der Kirche Keramik und Kunsthandwerk mit jungem Design.
Kirchplatz 9a
Im Sommer auch Sa und So 14–17 Uhr geöffnet.

Service

Auskunft

Verkehrs- und Kulturamt
Oberer Markt 28
95349 Thurnau
Tel. 0 92 28/95 10

Frankens ältestes noch lebendes Adelsgeschlecht hat hier seine Wurzeln. Imposante Schlösser bezeugen die ruhmreiche Vergangenheit.

Aufseß

■ C3

Viel Grün umgibt die Gemeinde, deren Bewohner schon früh im idyllischen Tal der Aufseß heimisch wurden. Auf eine fast neunhundertjährige Geschichte kann auch das fränkische Adelshaus derer von Aufseß zurückblicken. Zwei Schlösser bezeugen noch heute die ruhmreiche Vergangenheit des alten Geschlechts: **Unteraufseß**, der Stammsitz der freiherrlichen Familie und Geburtsort von Hans Freiherr von und zu Aufseß (1801–1872), dem die Gründung des Germanischen Museums in Nürnberg zu verdanken ist, sowie **Oberaufseß**, der langjährige Wohnsitz des über die Lande hinaus bekannten und erst jüngst verstorbenen Schriftstellers Hans Max von Aufseß.

Gemütliche Landgasthöfe laden ein, hier Station zu machen, um die nahe Umgebung auf Schusters Rappen zu durchwandern. Kein Autoverkehr stört die Naturidylle Unteres Aufseßtal. Hier hält die Fränkische Schweiz noch, was sie verspricht.

Burg Unteraufseß – Stammsitz einer einst mächtigen Familie

Hotels/Essen und Trinken

Sonnenhof
Traditionsreicher Brauereigasthof mit eigenem Schwimmbad, Kinderspielplatz und schöner Terrasse.
Im Tal 70
Tel. 0 91 98/7 36, Fax 7 37
Di geschl.
16 Zimmer
Untere Preisklasse (EC, Visa)

Stern
Gemütlicher Landgasthof, der von der persönlichen Ausstrahlung der beiden über 70jährigen Wirtsleute lebt.
Neuhauser Str. 39
Tel. 0 91 98/4 46
Mo geschl.
11 Zimmer
Untere Preisklasse

Hans von und zu Aufseß – Gründer des Germanischen Nationalmuseums

Sehenswertes

Schloß Unteraufseß
In beherrschender Lage über dem Ort errichteten die Ritter »von Ufsaze« bereits im 11. Jh. eine erste Burg, die dem Schutz des von Heinrich II. gegründeten Bistums Bamberg gedient haben dürfte. Eine hohe Ringmauer umgibt die mittelalterliche Burg mit ihren markanten zwiebelbekrönten Rundtürmen und dem alles überragenden Bergfried aus dem 12. Jh.

Während das im Jahre 1690 errichtete Schloß Oberaufseß nicht zu besichtigen ist (ca. 3 km nördlich auf einem hohen Felsen über dem Aufseßtal), öffnet Schloß Unteraufseß seine Pforten (Privaträume ausgenommen). Zu sehen sind u. a. die Familienkapelle mit ihren Wappen und einem wertvollen Flügelaltar (um 1520), das Burgverlies, der Ahnensaal und das sogenannte Meingoz-Steinhaus unterhalb des Bergfriedes, wo das Studierzimmer, die Schlafstätte und die kleine Kochstelle des langjährigen Schloßbewohners Hans von Aufseß zu bestaunen sind. Im Burghof erhebt sich der mächtige Bau der evangelischen Pfarrkirche, die 1740 neu errichtet wurde. 1872 wurde Hans von Aufseß als letzter Vertreter seiner Familie in der Gruft beigesetzt. Seitdem dient der hauseigene Friedhof oberhalb des Ortes (nahe dem Judenfriedhof) als Begräbnisstätte derer von Aufseß.
Führungen durch das Schloß (45 Min.): Di, Mi, Fr und Sa jeweils um 11, 14 und 16 Uhr, So 11, 14, 15 und 16 Uhr

Service

Auskunft

Gemeindeverwaltung
Schloßberg 98
91347 Aufseß
Tel. 0 91 98/3 28

Ausflugsziele

Oberes Aufseßtal ■ C 2/C 3

Die Aufseß entspringt südwestlich von **Königsfeld**, einer der ältesten Ortschaften in der Fränkischen Schweiz. Der Ort entwickelte sich aus einem fränkischen Königshof, der bereits 741 als »kunigeshoven« bezeugt wird. Der wuchtige Kirchturm der katholischen Pfarrkirche überragt einen großen, ehedem befestigten Kirchhof, an dessen Stelle wohl eine hochmittelalterliche Burganlage vermutet werden darf. Die Turmfundamente stammen noch aus romanischer Zeit. Vermutlich wurde die Kirche unter Karl dem Großen zur Betreuung der von ihm unterworfenen heidnischen Slawen gegründet. Die Ausstattung der Kirche stammt aus der Zeit des Rokoko und birgt unter anderem einen wertvollen Hochaltar von Vitus Gruppensberger (1770).

An **Kotzendorf** und **Voitmannsdorf** vorbei schlängelt sich die Aufseß in einem engen Tal nach Drosendorf und erreicht schließlich **Sachsendorf**, wo bizarre Felsgruppen bis dicht an die Ufer des kleinen Flusses heranreichen.

Das südlich von Neuhaus in einer Flußschleife liegende **Oberaufseß** besitzt mit seinem Schloß ein für die Geschichte der Region bedeutendes Kulturdenkmal. Noch heute bewohnen Angehörige des edelfreien Geschlechts derer von Aufseß die im Jahre 1690 errichtete Anlage (nicht zu besichtigen). Lange Jahre lebte und arbeitete hier Hans Max von Aufseß (1906–1993), der bedeutendste Schriftsteller der Fränkischen Schweiz.

Hotels und andere Unterkünfte

Drei Kronen
Neu errichteter Gasthof in Ortsmitte. Geschmackvolle Inneneinrichtung, familiäre Atmosphäre und komfortable Zimmer. Fränkische

Das Aufseßtal zählt zu den beschaulichsten Tälern der Fränkischen Schweiz

Küche am Wochenende (Halbpension auf Anfrage).
Hauptstr. 34
96167 Königsfeld
Tel. 0 92 07/2 76
4 Zimmer
Untere Preisklasse

Mühlengrund
Reizvoll im Talgrund gelegene Pension mit beheiztem Freibad und Restaurant mit heimischen Gerichten.
Mühlengrundstr. 49
Tel. 0 92 74/7 90, Fax 8 05 69
8 Zimmer
Untere Preisklasse

Unteres Aufseßtal ■ C 3/D 3

Südlich von Aufseß schlängelt sich die Aufseß durch ein von bewaldeten Höhenrücken umsäumtes Talbett nach Wüstenstein (nahe der Kirche befinden sich die Ruinen der Burg Wüstenstein, auf der bis 1681 die Edlen von Aufseß saßen). An der Kuchenmühle vorbei fließt die Aufseß in einem landschaftlich äußerst reizvollen Tal ohne störenden Autoverkehr bis Doos, wo sie in die Wiesent mündet.

Essen und Trinken

Kuchenmühle
Idealer Rastplatz für Wanderer und Kanuten. Deftige Brotzeiten, Dampfbier, frisch geräucherte Forellen und hausgemachte Kuchen.
Kuchenmühle 21
91346 Wiesenttal
Tel. 0 91 96/3 77
Mo geschl.

Service

Bootsverleih
Kajak-Mietservice in Doos (Parkplatz an der Straße nach Muggendorf); Tagestouren Doos–Behringersmühle–Streitberg (Abholung in Streitberg; ca. 12 km, ca. 4 Std.)
Tel. 0 91 96/2 90 70 75 bzw. 0 91 97/10 15

DER BESONDERE TIP

Kathi-Bräu Außergewöhnlichste Brauereigaststätte in der Fränkischen Schweiz! Trotz der unscheinbaren, fast schon abstoßenden Fassade birgt Kathis Bräu eine urgemütliche Atmosphäre. Hier stören weder Hunde noch Kinder und auch keine mitgebrachten Brote. Das hausgebraute Dunkel schmeckt trotz rauchgeschwängerter Luft noch nach Bier, und die Brotzeiten sind mehr als deftig. Besonders die jungen Leute aus Bamberg und Bayreuth pilgern zu Dutzenden zu dem abgelegenen Gehöft. Im Sommer sind es bei geöffnetem Biergarten gar Hunderte! Heckenhof 1 (zwischen Aufseß und Hochstahl; gut ausgeschildert), Tel. 0 91 98/2 77 ■ C 3

Grüne Hügellandschaft, modernes Fremdenverkehrsmanagement und fränkische Kleinstadtgemütlichkeit zeichnen den Erholungsort aus.

Ebermannstadt

■ C4

In Ebermannstadt laufen alle Fäden des Fremdenverkehrs zusammen. Hier residiert die »Tourismuszentrale Fränkische Schweiz«.

Touristisches Zentrum

In dem staatlich anerkannten Erholungsort werden Freizeit und Erholung großgeschrieben: Badespaß, Kneippen, Trimmen, Wandern, Angeln, Wassersport, Segelfliegen, Golfen und Reiten stehen auf dem Programm. Das **Heimatmuseum** und der **Naturlehrpfad** sorgen für den kulturellen Ausgleich. Und wer »nur« ein schönes Städtchen in der Fränkischen Schweiz kennenlernen möchte, der kommt hier ebenfalls auf seine Kosten. Eingebettet in die grüne Hügellandschaft des **Unteren Wiesenttals** präsentiert sich Ebermannstadt mit schmucken Fachwerkhäusern, einem historischen **Scheunenviertel** und einem fast 400 Jahre alten **Wasserrad** an der Wiesent.

Ebermannstadt geht auf eine Gründung im frühen 6. Jahrhundert zurück und wird 981 erstmals erwähnt. Im 14. Jahrhundert verlieh König Ludwig der Bayer dem Besitz der Herren von Schlüsselberg das Stadtrecht, bevor die Bamberger Bischöfe die neuen Stadtherren wurden und bis 1802 auch blieben.

Seit 400 Jahren schöpft das Rad Wasser aus der Wiesent

Hotels/Essen und Trinken

Resengörg
Hotel-Gasthof mit Schroth- und Therapiezentrum »Miriam«. Fachwerkbau mit gediegenem Aufenthalts- und Speiseraum. Heimische Küche in rustikaler Bauernstube.
Hauptstr. 36
Tel. 0 91 04/7 39 30, Fax 73 93 73
34 Zimmer
Mittlere Preisklasse (DC, EC, Visa)

Schwanenbräu
Traditionsreiches Hotel und Restaurant am Marktplatz. Großzügiges Raumangebot. Getränke aus eigener Produktion. Neben diversen Bieren empfehlen sich die selbstgebrannten Obstschnäpse. Krüge und Gläser sind ebenfalls erhältlich.
Am Marktplatz 2
Tel. 0 91 04/2 09, Fax 58 36
13 Zimmer
Mittlere Preisklasse

Sonne
Brauerei-Gasthof mit separatem Gästehaus. Hinter der dekorativen Fassade verbirgt sich ein traditionelles Haus mit bodenständiger Küche zu günstigen Preisen.
Hauptstr. 29
Tel. 0 91 94/3 42, Fax 45 48
16 Zimmer
Mittlere Preisklasse

Sehenswertes

Marienkapelle
So gedrungen die ehemalige Wehrkirche aus dem 14. Jh. von außen auch wirken mag: im Innern überrascht sie durch ihre gediegene Ausstattung aus der Zeit des Barocks (um 1740). Aus dem reichhaltigen Figurenschmuck ragt die »Madonna im Strahlenkranz« heraus, die der Ebermannstädter Bildschnitzer Friedrich Theiler (1748–1826) schuf.

Marktplatz
Zwischen den beiden Flußarmen der Wiesent wuchs das mittelalterliche Ebermannstadt zu einem bedeutenden Städtchen heran. Nach wie vor optischer und wirtschaftlicher Mittelpunkt: der Marktplatz mit seinen behäbig wirkenden Wohnbauten und einigen sehenswerten Fachwerkhäusern aus dem 17. Jh.

Wasserschöpfrad
Nahe der Tourismuszentrale wartet Ebermannstadt mit einem sehenswerten Relikt aus vergangenen Zeiten auf, dem aus dem Jahre 1606 stammenden Wasserschöpfrad am Ufer der Wiesent.

Museum

Heimatmuseum
Heimatgeschichtliches und volkskundliches Museum im Bürgerhaus.
Bahnhofstr. 5
Tel. 0 91 94/5 06 50
Di 15–17 Uhr

Einkaufen

Theiler
Bedeutende Edelbranntwein-Brennerei in Ebermannstadt. Hergestellt und verkauft werden hier Liköre und fränkische Obstschnäpse.
Am Marktplatz 12

Am Abend

Bierbrunnen
Pils- und Grillstube mit guter Auswahl an Bieren und diversen kleinen Mahlzeiten (Steaks, Grillwürste).
Zum Breitenbach 5
Tgl. 19–1 Uhr

Service

Auskunft

Tourismuszentrale Fränkische Schweiz
Oberes Tor 1
91320 Ebermannstadt
Tel. 0 91 94/79 77 79, Fax 79 77 76

Freibad
Beheiztes Erlebnisbad.
Am Weichselgarten
Ebermannstadt-Rothenbühl
Mitte Mai–Mitte Sept. Mo–Fr 10–20, Sa, So 9–20 Uhr

Hallenbad
Schulstr. 10
Tel. 0 91 94/56 11
Okt.–April Mo–Fr 17–20, Mi 17–21 Uhr (Warmbaden)

Kunstwerken
Für Gruppen von sechs bis zwölf Personen Kreativkurse im Malen mit Hand und Fuß, Zeichnen und Werken im Ortsteil Wolkenstein (ca. 5 km südöstlich von Ebermannstadt). Kursprogramm anfordern!
Kunstwerk e.V.
Wolkenstein 24
Tel. 0 91 94/44 88
April–Sept. tgl. 10–15 Uhr

Reiten
Reiten rund um Burg Feuerstein mit Ausflugsgaststätte »Zur Burgschänke« und »Reiterstübchen«.
Tel. 0 91 94/81 14

Sport- und Freizeitzentrum
Tennis, Kegeln, Rodelbahn, Schießanlage und Hartplatzspiele nördlich der Altstadt in Richtung Eschlipp.
Sportplatzstr. 4
Tel. 0 91 94/12 77 und 50 90 (Tennis) bzw. 82 08 (Kegeln; ab 17 Uhr)

Ausflugsziele

Burg Feuerstein ■ C4

In der von den Nationalsozialisten 1941 errichteten burgähnlichen Anlage (im Krieg Institut für Hochfrequenztechnik) können Jugendgruppen nach Anmeldung übernachten. Die Kirche mit ihren modernen Glasfenstern ist sehenswert. Die »Burg« liegt ca. 3 km westlich von Ebermannstadt.
Jugendbildungsstätte des Bistums Bamberg
Tel. 0 91 94/81 14

Essen und Trinken

Zur Burgschänke
Ausflugslokal und Pension neben der Burg. Hausgemachte Kuchen und Gebäck. Komfortable Fremdenzimmer.
Burg Feuerstein 6
91320 Ebermannstadt
Tel. 0 91 94/82 54
4 Zimmer
Untere Preisklasse

Pretzfeld ■ C4

An der Mündung der Trubach in die Wiesent liegt der historische Marktflecken Pretzfeld, 1145 erstmals als »Bretevelth« urkundlich erwähnt. Nicht nur in der Fränkischen Schweiz hat sich der Ort als »Kirschzentrum« einen Namen gemacht: Pretzfeld gilt als bedeutendstes Süßkirschenanbaugebiet in Europa. In den Monaten April und Mai strömen ganze Besucherscharen zur Kirschblüte ins Pretzfelder Land. Mitte Juli, eine Woche vor dem Forchheimer Annafest, lockt der Marktflecken zum alljährlichen »Kirschenfest«.

Mit dem Schloß und der Kilianskirche besitzt das 850jährige Pretzfeld zwei kulturgeschichtlich bedeutsame Baudenkmäler. Auf dem Judenberg, zu dessen Füßen sich der Ort ausbreitet, sind die Reste des einst bedeutenden Judenfriedhofs zu sehen. Sehenswert ist auch die neugotische Matthäuskirche im Ortsteil Hetzelsdorf. Im Volksmund ist der hochaufschießende Bau aus dem Jahre 1901 als »Juradom« bekannt.

Hotels/Essen und Trinken

Café Holweg
Neu errichtetes Haus mit geschmackvoller Einrichtung. Schönes Tagescafé und gemütliche Terrasse. Vier komfortabel eingerichtete Ferienwohnungen für zwei bis fünf Personen.
Unterzaunsbach 14
Tel. 0 91 94/7 69 50
Mo, Di 14–18, Mi–Fr 14–22,
Sa, So 10–22 Uhr
Untere Preisklasse

Meister
Pension und Landgasthof mit heimischer, preiswerter Küche, Biergarten, Schnapsbrennerei (mit Einkaufsmöglichkeit) und eigener Brauerei.
Unterzaunsbach 8
Tel. 0 91 94/91 26
6 Zimmer
Untere Preisklasse

Mühlhäuser
Wegen seiner heimischen Küche weithin beliebter Gasthof mit Tradition seit dem 16. Jh. Fisch und Wild kommen hier frisch auf den Tisch, der Schnaps stammt aus der eigenen Edelobstbrennerei (Einkaufsmöglichkeit).
Wannbach 18
Tel. 0 91 94/92 53
6 Zimmer
Untere Preisklasse

Sehenswertes

Schloß
Das Pretzfelder Schloß kann wie die Kirche auf eine über 850jährige Geschichte zurückblicken. Nach den Stibar zu Buttenheim gelangten 1762 die Grafen von Seinsheim in den Besitz des nach dem Bauernkrieg im Stil der Renaissance wiederhergestellten Baus. Zu besichtigen ist lediglich die Curt-Hermann-Gemäldesammlung im ehemaligen Kapitelsaal des Schlosses (Anmeldung bei Josef Seitz, der auch eine Führung zum Jüdischen Friedhof anbietet; Tel. 0 91 94/56 40).

St. Kilian
1742 wurde der Bamberger Hofbaumeister Johann Jakob Michael Küchel mit dem Neubau beauftragt. Bis 1761 entstand so eine neue Kirche im Rokokostil. Die Ausstattung ist weitgehend einheitlich und erfolgte unter Mitwirkung des Ebermannstädter Künstlers Friedrich Theiler. Besonderes Augenmerk verdient die moderne Altarplatte aus weißem Marmor, die von vier engelgleichen Bronzefiguren getragen wird.

Einkaufen

Gemälde aus Steinbühl
Im Ortsteil Steinbühl offeriert eine Kunstgalerie Aquarelle und Ölbilder mit Motiven der Fränkischen Schweiz. Angeschlossen ist eine Töpferei, in der Keramik- und Aquarellmalkurse angeboten werden.

Service

Auskunft

Rathaus
Hauptstr. 3
91362 Pretzfeld
Tel. 0 91 94/81 46, Fax 44 69

Malerisch schmiegt sich der Marktflecken an den Burgberg. Überragt wird der Ort von der Residenz der Freiherren von Egloffstein.

Egloffstein

■ D 5

Deren Familie läßt sich bis auf jenen »Agilulfi lapidi« zurückverfolgen, der in einer Urkunde aus dem Jahre 1184 bezeugt wird. Mehrmals im Lauf ihrer Geschichte wurde die Burg erstürmt und niedergebrannt, zuletzt im Dreißigjährigen Krieg. Vom Ort führt ein schöner Wanderweg durch eine parkähnliche Anlage hinauf zur **Kirchenruine Dietersberg**, die einst als Begräbnisstätte derer von Egloffstein diente. Zu Füßen der Burg entwickelte sich Egloffstein zu einem bedeutenden Marktflecken der Fränkischen Schweiz. Heute gilt der staatlich anerkannte Luftkurort mit seinem alten Ortskern und den historischen Fachwerkbauten als eines der touristischen Zentren in der Fränkischen Schweiz. Er verfügt über eine reichhaltige Gastronomie und Hotellerie. Etliche Neubauten und die moderne Straßenführung stören allerdings die ursprüngliche Idylle ein wenig.

Die »schöne Gräfin« aus Egloffstein und ihr Freund Goethe

Die Grafen von Egloffstein besaßen auch etliche Güter zu Weimar, und so ergab es sich, daß Gräfin Julie von und zu Egloffstein, 1792 in Erlangen geboren und schon als Kind den Musen zugeneigt, bei ihren Aufenthalten in Weimar auch in den erlauchten Kreis um Johann Wolfgang von Goethe gelangte. Der große Dichter war von ihrer Mal- und Zeichenkunst derart angetan, daß er ihr überschwenglichst Lob zollte, Ratschläge erteilte und sie nach Kräften förderte. Begeistert hielt er in einem seiner Briefe fest, »daß sie ein seltenes Talent zur bildenden Kunst mit vielen persönlichen Eigenschaften verbinde, welche hinreichend wären, sie als höchstvorzüglich in der Welt auftreten zu lassen«. Die »schöne Gräfin« weilte von 1817 bis 1829 in Weimar und verdingte sich unter anderem als Hofdame bei der Großherzogin Luise von Sachsen-Weimar. Ihrem Förderer Goethe verdankte sie einträgliche Aufträge für Portraitmalereien an den königlichen Höfen jener Zeit. 1953 entdeckte man in einem Safe der Nationalbank von Gettysburg ein Poesiealbum Goethes, in dem er mehrere Gedichte seiner »getreuen Freundin« aus Egloffstein gewidmet hatte.

Terrassenförmig schmiegt sich Egloffstein an die gleichnamige Burg

Hotels/Essen und Trinken

Häfner
Modernes und großzügig ausgestattetes Ferien- und Tagungshotel im Trubachtal mit Blick von der Terrasse auf die Burg. Gehobene Küche mit Forellen- und Karpfengerichten.
Badstr. 131
Tel. 0 91 79/5 35 und 5 36, Fax 88 25
21 Zimmer
Mittlere Preisklasse (Amex, DC, EC, Visa)

Post
Traditionsreicher Hotel-Gasthof in Ortsmitte. Lift, Sauna und Liegewiese ergänzen den gediegenen Zimmerkomfort.
Talstr. 8
Tel. 0 91 79/5 55, Fax 88 01
23 Zimmer
Gasthof Mo geschl.
Untere Preisklasse

Schäfer
Hotel-Gasthof mit separatem Bettenhaus (Neubau). Moderner Tagungsraum und komfortabel eingerichtete, ruhig gelegene Zimmer. Schöne Café-Terrasse mit Blick auf den Ort.
Markgrafenstr. 48
Tel. 0 91 79/2 95
31 Zimmer
Di geschl.
Untere Preisklasse (EC)

Schlehenmühle ■ D 5
Von Schweinthal aus geht es rechter Hand bergan ins idyllische Tal des Mühlbachs, der oberhalb der Schlehenmühle entspringt. Der ruhig gelegene Landgasthof bietet von der Café-Terrasse einen schönen Blick ins Seitental der Trubach. Kleiner, gemütlicher Biergarten. Ferienwohnung im »Haus Brigitte«.
Tel. 0 91 97/2 91
14 Zimmer
Untere Preisklasse

Sehenswertes

Burg Egloffstein
Auf einem 100 m hohen Felsen erhebt sich der malerisch wirkende Burgkomplex der Grafen und Freiherren von Egloffstein. Die Anlage besitzt noch Bauteile aus dem 12. Jh. Zur Zeit wird die Burg restauriert und kann daher nicht besichtigt werden.

Schloßkirche
Die heutige evangelische Pfarrkirche bei der Burg wurde 1750 unter Albrecht Ludwig Carl Friedrich von und zu Egloffstein anstelle der alten Schloßkapelle errichtet. Die Pläne lieferte der namhafte Barockarchitekt Johann David Steingruber. Über dem schlichten Altar erhebt sich ein farbenprächtiger Aufbau. Im Zentrum befindet sich die schmucke Kanzel, die von den beiden Figuren »Mose und Aaron« des Bamberger Bildhauers Weidlich flankiert wird.

Service

Auskunft

Verkehrsamt
Felsenkellerstr. 20
91349 Egloffstein
Tel. 0 91 97/2 02 und 5 86, Fax 16 39
Mo–Fr 9–12, Sa 9.30–12 Uhr

Baden und Kneippen
An der Trubach gelegenes beheiztes Freibad in reizvoller Umgebung.
In der Nähe befindet sich auch eine Kneippanlage.
Mitte Mai–Mitte Sept.
tgl. 10–19 Uhr
Tel. 0 91 97/7 98

Ausflugsziele

Bärnfels ■ D 5

Am besten gelangt man von Obertrubach zu Fuß nach Bärnfels (→ Routen und Touren, S. 118). Überragt wird der Ort von den Resten einer mittelalterlichen Burg, die im Bauernkrieg von 1525 zerstört wurde. Gegenüber thront auf einem Hügel die schmucke Dorfkirche mit ihrer markanten Zwiebelhaube auf dem Turm (ländlich-barocke Einrichtung).

Hotel/Essen und Trinken

Gästehaus Brütting
Idyllisch am Eingang des Gründleintals gelegenes Pensionscafé mit schöner Terrasse und freundlich-hellen Räumlichkeiten. Für Hausgäste werden Kutschfahrten in die nähere Umgebung angeboten (Café tgl. außer Fr ab 14.30 Uhr).
Bärnfels 29a
91286 Obertrubach
Tel. 0 92 45/5 55
12 Zimmer
Untere Preisklasse

Gräfenberg ■ C 6/D 6

Seiner strategisch bedeutsamen Lage zwischen Nürnberg und Sachsen verdankt Gräfenberg seine Stadtgründung unter Karl IV. im 14. Jh. Sehenswert ist das mit Fachwerkbauten reich bestückte Scheunenviertel vor den Toren der Stadt (drei der Stadttore sind noch erhalten). Den Marktplatz beherrscht die prachtvolle Fassade des »Alten Rathauses« von 1689. In der Stadtpfarrkirche überrascht der lichte, weißgefaßte Hochaltar von 1701.

Hotel/Essen und Trinken

Schloßberg
Komforthotel im Ortsteil Haidhof. Mit Restaurant, Café und Konditorei. Sauna und Solarium.
Haidhof 5
Tel. 0 91 97/6 28 40, Fax 62 84 62
Mittlere Preisklasse (Amex, EC, Visa)

Service

Auskunft

Stadtverwaltung
Kirchplatz 8
91322 Gräfenberg
Tel. 0 91 92/7 09 16

DER BESONDERE TIP

Elektrofahrräder Die Pension Mühle (Ferienwohnungen und Fremdenzimmer) bietet – einzigartig in der Fränkischen Schweiz – Fahrräder mit Elektro-Akkus feil. An der Hauswand befindet sich eine »Strom-Tankstelle« (auch für Elektro-Autos). Talstr. 10, Egloffstein, Tel. 0 91 97/15 44, Fax 5 54 ■ D 5

Hiltpoltstein und Betzenstein ■ D 6/E 5

In **Hiltpoltstein** thront auf steilem Felsen ein wuchtig wirkendes **Schloß**. Zu seinen Füßen schmiegt sich die evangelische **Matthäuskirche** an den Schloßfelsen. Im **Hiltpoltsteiner Tor** lädt ein kleines **Heimatmuseum** zum Besuch ein, und Fans alter Autos kommen im **Oldtimer-Museum** auf ihre Kosten.

Schmucke Fachwerkhäuser drängen sich in **Betzenstein** um die etwas streng wirkende Landkirche aus dem 18. Jh. Über den Dächern der stattlichen Bürgerhäuser erhebt sich auf einem Felsen die Burg (Neubau aus dem Jahre 1528; nicht zugänglich). Am Unteren Tor befindet sich der »Tiefe Brunnen« aus dem Jahre 1549 (92 m), aus dem sich die »Älbler« von Betzenstein fast 500 Jahre lang mit Wasser versorgten. Im Hinteren Tor befindet sich ein kleines Heimatmuseum mit interessanter naturkundlicher Abteilung. Mitten im Ort sticht der im Renaissancestil errichtete, leuchtend-orangefarbene Bau des ehemaligen Pflegamtsschlosses ins Auge (heute Privatbesitz). Mehrere Gasthöfe und das »Zeiserla«, eine »Kneipenbühne« für junge Leute, laden zum Verweilen ein.

Service

Auskunft

Gemeindeverwaltung Hiltpoltstein
Hauptstr.4
91355 Hiltpoltstein
Tel. 0 91 92/17 78

Verkehrsamt Betzenstein
Bayreuther Str.1
91282 Betzenstein
Tel. 0 92 44/2 64

Hundshaupten ■ C 5

Inmitten eines großen Natur- und Wildparks steht das Renaissanceschloß derer von Pöllnitz. In der vierflügeligen Anlage aus dem 14. bis 17. Jh. finden im Halsgraben alljährlich Sommerkonzerte statt (Musik im Stil des Barock und der Romantik). Die Sammlungen des Schloßmuseums können von Ostern bis Ende Okt. Sa, So und feiertags von 14–17 Uhr besichtigt werden. Besuch nur im Rahmen von Gruppenführungen möglich; Anmeldung Tel. 0 91 91/8 61 27 und 8 63 84.

Unterhalb der Ortschaft Hundshaupten öffnet das Wildgehege seine Pforten für Besucher (→ Mit Kindern unterwegs, S. 23).

Obertrubach ■ D 5

Mit einem furiosen Auftakt öffnet sich bei Obertrubach eines der bekanntesten Seitentäler der Wiesent. Von hier nimmt die **Trubach** ihren Weg über Egloffstein nach Pretzfeld, wo sie sich ins weite Talrund der unteren Wiesent ergießt. In Obertrubach wird man das Gefühl nicht los, von bewaldeten Berghängen »eingekesselt« zu sein. Vom nördlich gelegenen **Bärnfels** schlängelt sich das idyllische **Gründleinstal** zur Quelle der Trubach, und über dem ganzen Szenario wacht der 590 m hohe **Schloßberg**, als wolle er dem kleinen Flüßchen seine Obhut anbieten. An Ostern erhält die Trubachquelle ein schmuckes Kleid aus Fichtenzweigen und bemalten Ostereiern.

Da mutet der von moderner Architektur umsäumte **Rathausplatz** zunächst fremd an. Rathaus, Verkehrsamt, Wandertafeln, Bushaltestelle, eine gemütliche Sitzgruppe und – für Wanderfreunde eine unentbehrliche Offerte – ein gutsortiertes Lebensmittelgeschäft gruppieren sich um das neu geschaffene Zentrum. Von hier führen alle Wege ins Grüne hinaus.

Neu sind auch das Pfarrhaus, der **St.-Laurentius-Brunnen** und das Innere der nach demselben Heiligen benannten Pfarrkirche: eine gelungene Kombination aus Licht und moderner Architektur, ein seltenes Juwel in der Kirchenlandschaft der Fränkischen Schweiz! Oberhalb von St. Laurentius macht sich der ortsbeherrschende Neubaukomplex der **Begegnungsstätte St. Elisabeth** breit.

Von Obertrubach aus lohnen Wanderungen in alle Himmelsrichtungen. So zum Beispiel zum 5 km entfernten **Leienfels** (Burgruine, Kapelle und gute Gastronomie; Wegemarkierung »Gelbes Kreuz«), nach **Bärnfels** (3 km; »Grüne Raute«) oder nach **Wolfsberg** (3 km; »Blauer Strich«). Zu den beiden letzten Wandervorschlägen ausführliche Beschreibung unter »Routen und Touren, S. 118, 119«. Obertrubach besitzt auch einen »therapeutischen Wanderweg« (»Rotes Herz«; Richtung Leienfels und Gründleinstal).

Hotels/Essen und Trinken

Alte Post
Zentral gelegener Pensions-Gasthof mit rustikaler Einrichtung und zum Teil behindertengerechten Zimmern
Trubachtalstr. 1
Tel. 0 92 45/3 22, Fax 6 90
41 Zimmer
Untere Preisklasse

Fränkische Schweiz
Traditionsreicher Gasthof mit Pension in der Ortsmitte. Großes Platzangebot, gute fränkische Küche und gemütliche Sonnenterrasse vor dem Haus.
Bergstr. 1
Tel. 0 92 45/2 18
Tgl. außer Do
28 Zimmer
Untere Preisklasse

Ottilie
Hotel-Pension und Café in schmuckem Neubau am Waldrand (Richtung Neudorf). Breites Tourismusangebot und eigenes Schwimmbad.
Neudorfer Weg 23
Tel. 0 92 45/98 00, Fax 9 80 44
25 Zimmer
Mittlere Preisklasse

Regina
Gasthof und Pension mit Kur- und Bäderabteilung, Pilsbar und Souvenirshop.
Hundsdorfer Weg 5
Tel. 0 92 45/2 32
10 Zimmer, 12 Zimmer im gegenüberliegendem Gästehaus
Mittlere Preisklasse

Am Abend

Reblaus
Weinstube mit gehobenem Ambiente und guter Auswahl an deutschen, italienischen und französischen Weinen.
Trubachtalstr. 5
Tgl. ab 18 Uhr

Service

Auskunft

Verkehrsamt im neuen Rathaus
91286 Obertrubach
Tel. 0 92 45/7 11, Fax 7 78
Mo–Fr 8–12 Uhr,
Do zusätzl. 14–18 Uhr

Pegnitz ■ F 4

Jenseits der Autobahn Nürnberg–Bayreuth, der »Ostgrenze« der Fränkischen Schweiz, lohnt ein Besuch der Pegnitz-Quellstadt und des südlich angrenzenden Naturparks **Veldensteiner Forst**. Pegnitz geht auf die Landgrafen von Leuchtenberg zurück, die hier im 14. Jh. eine neue Stadt im Schutze einer Burg gründeten, bevor sie diese samt der »Altstadt« (als Ursprungssiedlung bereits 1119 bezeugt) im Jahre 1357 an die böhmische Krone weiterverkauften. Noch heute bezeugt der als »Böheimstein« bekannte Schloßberg diese Vergangenheit. Die Burg selbst wurde 1553 durch die Nürnberger zerstört. Nur noch ein Aussichtsturm lockt heute die vielen Besucher auf den 543 m hoch gelegenen Hausberg von Pegnitz. Die Stadt besitzt mit dem **»Alten Rathaus«** (heute Verkehrsamt) und der **evangelischen Pfarrkirche** nur noch zwei bedeutsamere Baudenkmäler des 16. und 17. Jh. Über die Region, ja über die Landesgrenzen hinaus bekannt ist dagegen ein Bauwerk des 20. Jh.: **Pflaums Posthotel**, unter Gourmets als »PPP« bekannt und verehrt.

Zwischen Pegnitz und dem südlich gelegenen **Neuhaus** erstreckt sich das weitläufige Waldgebiet des Veldensteiner Forstes, mit 82 qkm eines der größten zusammenhängenden Waldgebiete Bayerns! Auf 150 km markierten Wanderwegen läßt sich diese abwechlungsreiche Landschaft bequem durchstreifen. Zu den Besonderheiten zählen die **»Taubennest-Doline«** mit ihrem Durchmesser von 50 m und der **»Große Lochstein«**, der sogar von Autos durchfahren werden kann. Ein Wildgehege und eine Waldschänke sorgen ebenfalls für Abwechslung. Ein Abstecher nach Neuhaus a. d. Pegnitz mit seinem malerisch wirkenden Schloß Veldenstein (Privatbesitz) und zum Freizeit-Erlebnispark »Fränkisches Wunderland« in Plech (→ Mit Kindern unterwegs, S. 23) ist zu empfehlen.

Blick vom Schloßberg über das Pegnitztal

Hotels und andere Unterkünfte

Pflaums Posthotel (PPP)
Luxushotel der Extraklasse! Der Superlativ ist hier allein wegen der ausgefallenen Designer-Zimmer berechtigt, welche dem PPP zu seinem weltweiten Ruf verholfen haben. Jede Mark, die hier verdient wird, investieren die Besitzer in die Einrichtung einer neuen Kunst-Suite. Wenn etwas in Pegnitz sehenswert ist, dann ist es das Posthotel der Gebrüder Pflaum.
Nürnberger Str. 12-16
91257 Pegnitz
Tel. 0 92 41/72 50, Fax 8 04 04
25 Suiten, 25 Zimmer
Luxusklasse (Amex, EC, Visa)

TOPTEN 10

Ratsstube
Gediegen eingerichtetes Hotel mit gemütlichem Restaurant in Stadtmitte.
Hauptstr. 43
Tel. 0 92 41/2279, Fax 89 41
14 Zimmer
Mittlere Preisklasse

Am Abend

Zaussenmühle
Uriges Pilslokal an der Pegnitzquelle. Erbaut um 1450, zuletzt renoviert 1975. Gutes Landbier und kleine Gerichte.
Bayreuther Str. 3
Tel. 0 92 41/68 08
So–Do 19–1, Fr, Sa 20–3 Uhr

Service

Auskunft

Verkehrsamt
Hauptstr. 37
91257 Pegnitz/Ofr.
Tel. 0 92 41/7 23 11, Fax 7 23 55
Mo–Do 8–12 und 14–16,
Fr 8–12 Uhr

Freibad
Viel Beton im Grünen; drei beheizte Becken und Sprungturm (10 m); Restaurant und Terrasse mit Selbstbedienung.
Badstr. 4
Mai–Sept. tgl. 9.30–19.30 Uhr

Pegnitzer Sommerkonzerte
Programm anfordern bei:
Kirchenmusikdirektor Roland Weiss
Rosengasse 11
Tel. 0 92 41/29 65

Wolfsberg ■ D 5

Zwischen Obertrubach und Egloffstein schmiegt sich die kleine Ortschaft Wolfsberg ganz eng an die Talfelsen des rechten Trubachufers. Die Burgruine oberhalb des Dorfes erinnert an das edelfreie Geschlecht derer von Schönfeld-Gößweinstein, das hier im 12. Jh. einen befestigten Ansitz errichten ließ. 1383 wurde Wolfsberg bambergisch. Nach Zerstörung und Wiederaufbau im 16. Jh. verfiel die Burg und wurde im 19. Jh. größtenteils abgetragen. Vom Ort führt ein Fußweg hinauf zur Ruine, deren Mauerreste jüngst restauriert wurden (Gehzeit ca. 5 Min.).

Hotel/Essen und Trinken

Treiber
Restaurant und Pension gegenüber der Reichelsmühle im Trubachtal. Moderner Bau mit freundlich-rustikalem Interieur und reichhaltiger Speisenauswahl.
Reichelsmühle 5
91286 Obertrubach
Tel. und Fax 0 92 45/4 89
14 Zimmer
Untere Preisklasse

Eine der ältesten Städte Frankens bietet Kultur und Geschichte en gros. Der historische Rathausplatz zählt zu den schönsten seiner Art in Bayern.

Forchheim

■ B 5

Forchheim zählt zu den ältesten Städten in Franken. Um die Mitte des 8. Jahrhunderts erfolgte hier am Zusammenfluß von Regnitz und Wiesent der Bau eines fränkischen Königshofes. Bereits in einer Urkunde aus dem Jahre 805 wird es als »Forachheim« erwähnt. Potentaten wie Ludwig das Kind oder Konrad I. wurden hier zu Beginn des 10. Jahrhunderts gekrönt.

Anstelle der karolingischen Pfalz, die vermutlich im Stadtteil Burk lag, ließ das Domkapitel von Bamberg nahe des rechten Regnitzufers eine **Bischofsburg** errichten (heute fälschlicherweise **Kaiserpfalz** genannt), nachdem Heinrich II. im Jahre 1007 das Königsgut in Forchheim an das von ihm gegründete Bistum Bamberg verschenkt hatte. Die heute noch beeindruckende Anlage geht auf einen Neubau des späten 14. Jahrhunderts zurück. Heute ist hier das Pfalzmuseum untergebracht.

Neben der »Pfalz« besticht die Forchheimer Altstadt durch ihre dekorativen Fachwerkbauten, allen voran das **Rathaus**, das als eines der schönsten in Franken gilt. Aus der Zeit, als Forchheim zu einer Grenzfestung der Bamberger Bischöfe ausgebaut wurde (16. Jahrhundert), sind noch Mauern und Bastionen erhalten geblieben, die heute als »grüne Inseln« dienen. Über die Dächer der Altstadt erhebt sich der markante Turm der **St.-Martins-Kirche**, deren Ursprünge in die Zeit des ersten Königshofes aus dem 8. Jahrhundert zurückreichen (bereits 890 als königliche Eigenkirche bezeugt).

Forchheim ist auch berühmt für seine Bierkeller. Im Osten der Stadt erhebt sich der Höhenzug **Kellerwald** mit den **Oberen** und **Unteren Kellern**. Ursprünglich wurden in den Kellergewölben die Biervorräte der Forchheimer Brauereien gekühlt. Heute wird hier der Durst der Wanderer und Bierpilger gelöscht. Die Auswahl ist groß. Platz nimmt man, wo es einem gefällt und wo noch etwas frei ist! Jeder Keller schenkt das hausgebraute Bier aus und serviert seinen Gästen deftige Hausmannskost. Natürlich werden im Sommer die Biergärten bevorzugt. Da lohnt es sich schon, zeitig aufzubrechen, um sich einen Sitzplatz zu ergattern.

Fachwerkidylle am Rathausplatz von Forchheim

Hotels und andere Unterkünfte

Am Kronengarten
Neues Garni-Hotel in City-Nähe und dennoch ruhig gelegen. Die Zimmer sind mit allem Komfort ausgestattet, und das Frühstücksbuffet ist äußerst reichhaltig.
Bamberger Str. 6a
Tel. 0 91 91/6 67 68, Fax 6 63 31
25 Zimmer
Mittlere Preisklasse (EC)

Pilatushof
Das von außen eher unscheinbare Garni-Hotel nahe der »Kaiserpfalz« hat es in sich! Die vier Einzel- und vier Doppelzimmer sind individuell und geschmackvoll eingerichtet, wie überhaupt das ganze Haus eine sehr persönliche Atmosphäre ausstrahlt.
Kapellenstr. 13
Tel. 0 91 91/8 99 70 und 8 99 87
Fax 6 58 35
8 Zimmer
Mittlere Preisklasse (Amex, DC, EC, Visa)

Schweizer Grom
Hotel und Gasthof im Stadtteil Burk (links der Regnitz). Familiär geführter Betrieb mit modern eingerichteten Zimmern und bodenständiger Küche.
Röthenstr. 5
Tel. 0 91 91/39 55 und 3 32 57
28 Zimmer
Untere Preisklasse

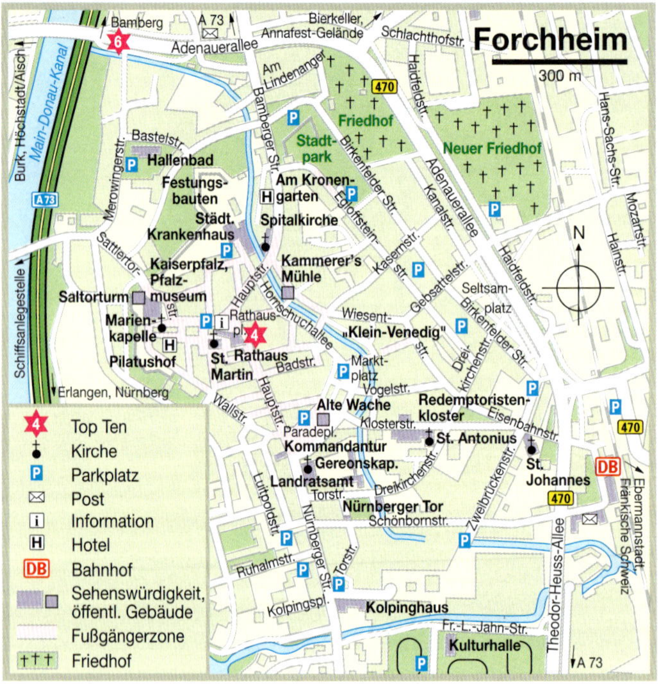

Sehenswertes

Festungsbauten

Was für die Bamberger Bischöfe nach den Markgrafenkriegen des 16. Jh. als Bastion im Süden ihres Bistums diente, nutzen die Forchheimer heute für ihren sonntäglichen Spaziergang. Von dem nach italienischem Vorbild angelegten Festungsring sind noch große Teile im Nordwesten der Altstadt erhalten. Die **St.-Veits-Bastion** an der Bamberger Straße und die Festungsbauten zu beiden Seiten der Sattlertorstraße sind in schmucke Parkanlagen eingebettet. Das prachtvolle **Nürnberger Tor** aus dem Jahr 1698 und der aus gotischer Zeit stammende **Saltorturm** bei der Bischofsburg bezeugen ebenfalls die einstige Wehrhaftigkeit der Bischofsveste Forchheim.

Kaiserpfalz

Die heute noch beeindruckende Anlage ließ Bischof Lamprecht von Brunn im Jahre 1377 als Bischofsburg errichten. Ob an dieser Stelle die alte Pfalz stand, ist nicht mit Sicherheit zu sagen. Der massive Wohnbau im Osten stammt noch aus jener Zeit, während die übrigen Hofgebäude vom 16. Jh. an verändert und durch einen dekorativen Fachwerkgang mit dem ehemaligen Palas verbunden wurden. Ein Wassergraben umgab einst die nahezu quadratische Anlage. Über eine massive Steinbrücke gelangt man ins Innere.

Klein-Venedig

Klein, aber fein: das alte Fischerviertel von Forchheim am Ufer der Wiesent. Hier finden sich wunderschöne Häuser mit auf Pfählen über dem Wasser gebauten Balkonen. An der parallel zum Fluß verlaufenden Wiesentstraße liegt die Weinstube **Kammerer's Mühle**, die als einzige von über 30 Forchheimer Mühlen übriggeblieben ist. Der Bau aus dem Jahre 1698 besitzt ein dekoratives Zierfachwerk. Gegenüber erhebt sich der massive Backsteinbau der ehemaligen Puffschen Mühlenwerke. Ebenfalls in der Nachbarschaft wurde erst jüngst ein ansehnliches Fachwerkgebäude geschmackvoll restauriert. Alte Holzkästen, in denen seit 1680 Fische aufbewahrt werden, erinnern an die Bedeutung des Viertels für die Forchheimer Fischerszunft. Antiquitätengeschäfte sind ein erstes Indiz dafür, daß sich in dem altehrwürdigen Viertel neues Leben regt.

Marienkapelle

Die Marienkapelle wurde im 12. Jh. errichtet, vermutlich als Ersatz für die südlicher gelegene karolingische Pfalzkapelle. Nach dem Umbau der »Pfalz« zur bischöflichen Residenz im 14. Jh. diente sie als Schloßkapelle. Ihre heutige Ausstattung stammt aus der Barockzeit. Neben dem Hochaltar mit seiner spätgotischen Madonna im Strahlenkranz (1520) besitzt die Marienkapelle eine sehenswerte Ölberggruppe aus Terracotta (um 1470).

Rathausplatz

TOPTEN 4

Der Rathausplatz von Forchheim gilt mit seiner Fachwerkarchitektur im Süden und den schmucken Barockbauten auf der gegenüberliegenden Seite als einer der schönsten Straßenplätze Frankens. Herausragend natürlich das spätgotische Rathaus (um 1490) mit seinem schlanken Turm und dem mit Zierfachwerk reich geschmückten Magistratsbau von 1535. Die von Hans Ruhalm geschnitzten Holzfiguren der Prachtfassade sind zuweilen von derber Skurrilität, in jedem Falle aber sehr amüsant. Der große Saal im Erdgeschoß des Rathauses wird heute unter anderem für Kunstausstellungen und Konzerte genutzt, während im Nachbarbau das Städtische Verkehrsamt seine Dienste anbietet. In einem der schönsten Fachwerkhäuser nahe dem Rathaus hat es sich die Buchhandlung Streit gemütlich gemacht.

St. Martin
Der knapp 60 m hohe Turm der Stadtpfarrkirche weist mit seiner markanten Zwiebelhaube unübersehbar den Weg ins Herz der Forchheimer Altstadt. Im Innern birgt St. Martin eine sehenswerte barocke Ausstattung. Wertvoll sind vor allem die acht spätgotischen Tafeln des alten Hochaltars mit Darstellungen zur Passion und zur Martinslegende. Die altdeutschen Tafelbilder an den Langhauspfeilern sind beidseitig bemalt. Das sandsteinerne Grabmal für Philipp von Egloffstein und seine Gemahlin (gest. 1583 bzw. 1584) zeigt die beiden Eheleute vor einem Kruzifixus kniend.

Museum

Pfalzmuseum
Neben den gutsortierten Sammlungen zur Vor- und Frühgeschichte, zahlreichen Schützenscheiben vom Annafest und den obligatorischen volkskundlichen Exponaten zeichnet sich das Forchheimer Museum durch eine Gemäldesammlung mit Werken des Forchheimer Künstlers Georg Mayer-Franken aus. Kunsthistorisch bedeutsam sind Fresken aus dem 14. Jh. Unter anderem zeigen sie Trollerien, das sind Ermahnungen an die Potentaten, nicht zu sehr den Übeln und Lastern dieser Welt zu frönen. Der »Teufelsgeiger« warnt vor den allzu weltlichen Freuden, und ein Kamelreiter mit Kranichschnabel ermahnt zur Gewaltlosigkeit. Die Fresken und Al-secco-Malereien stammen aus der berühmten Prager Parlerschule.
Kapellenstr. 16
Tel. 0 91 91/6 78 12 und 8 43 27
Fax 8 42 06
Mai–Okt. Di–So 10–12.30 und 13.30–16 Uhr

Essen und Trinken

Alte Wache
Café auf dem Paradeplatz mit dem Charme der 70er Jahre. Im Sommer Tische vor dem Haus, an denen man »sieht und gesehen wird«.
Paradeplatz
Tel. 0 91 91/6 61 77
Mo–Sa 11–23, So 14–23 Uhr

Fränkische Bierstube
In der Fußgängerzone gelegenes Restaurant mit fränkischer Küche, viel Platz und einem idyllischen Biergarten (»historischer Bierhof« mit Ausstellungsstücken aus dem Brauereiwesen).
Hauptstr. 52
Tel. 0 91 91/6 56 50
Mo–Fr 11–15 und 18–22 Uhr,
Sa, So 11–15 Uhr
Untere Preisklasse

Kammerer's Mühle
Speisen und trinken in historischem Gemäuer. Der prachtvolle Bau aus dem Jahre 1698 überrascht im Innern durch die Vielfalt seiner gemütlichen Sitzecken und -nischen. Das kulinarische Angebot des Restaurants ist vorzüglich. Gemütliche Weinstube mit großem Weinangebot. Die Weinkarte enthält auch eine »kleine Weinkunde«! Tischreservierung wird empfohlen.
Wiesentstr. 10
Tel. 0 91 91/6 52 62
Tgl. 18–1 Uhr
Mittlere Preisklasse

Einkaufen

De Vries Antiques
Exquisites Antiquitätengeschäft im Fischerviertel »Klein-Venedig«. Bevorzugt gehandelt werden dekorative Naturholzmöbel und ausgefallene Lampen.
Wiesentstr. 14
Tel. 0 91 91/16 13
Mo–Fr 14–18 Uhr, Sa 10–13 Uhr

Forchheimer Teeladen
Kleines, schmuck eingerichtetes Teegeschäft gegenüber der »Kaiserpfalz«. Hier kann man nicht nur stöbern und einkaufen, sondern auch probieren: die Tasse Tee für 80 Pfennige!
Sattlertorstr. 32

Am Abend

Schnorrnwastl
Zünftige Pilskneipe mit Restaurant »Altstadtstub'n«, viel Holz und viel Platz (380 Sitz- und Stehplätze). Neben frisch gezapftem Pils lockt eine große Auswahl an Cocktails. Das Haus aus dem 15. Jh. beherbergt auch eine angesehene Künstlergalerie und einen bezaubernden Biergarten mit Freigrill.
Kapellenstr. 5
Mo–So 18–2 Uhr

Service

Auskunft

Städtisches Fremdenverkehrsamt
Rathaus
Tel. 0 91 91/8 43 38, Fax 8 42 06
Mo–Do 9–12 und 14–17,
Fr, Sa 10–12 Uhr

Ausflugsziele

Trubbachtal ■ B 5/C 5

Unterhalb des Höhenortes **Regensberg** entspringen neben dem **Ehrenbach**, der bei Kirchehrenbach in die Wiesent mündet, auch die Quellwasser der **Trubbach**, die südöstlich von Forchheim ein kleines, anmutiges Nebental der Wiesent bildet. Die Geschichte des Dörfchens Regensberg lebt heute nur noch in den Ruinen der alten Burg fort, die im Bauernkrieg dem Erdboden gleichgemacht wurde. Neben einem imposanten Kellergewölbe blieb die **Burgkapelle**, heute katholische Filialkirche, erhalten. Über **Weingarts** schlängelt sich die **Trubbach** nach **Kunreuth**, wo eine **Wasserburg** aus dem 14. Jh. die bewegten Zeitläufte überstanden hat.

An **Gosberg** (Pfarrkirche von 1926 mit barocker Einrichtung) vorbei bahnt sich die Trubbach durch eine weite Talebene ihren Weg zur Wiesent, in die sie bei Forchheim mündet.

Hotel/Essen und Trinken

Berggasthof Hötzelein
Auf dem nahe Kunreuth gelegenen Regensberg bietet der neue Gasthof ungewohnten Wohn-, Tagungs- und Speisenkomfort. Sonnenterrasse mit herrlichem Ausblick!
Regensberg 10
91358 Kunreuth
Tel. 0 91 99/80 90, Fax 8 09 99
Mittlere Preisklasse (Visa)

Service

Auskunft

VG Gosberg
91361 Gosberg
Tel. 0 91 91/7 95 00

Rund ums Walberla ■ C5

Als **Walberla** ist er in aller Munde, und als **Ehrenbürg** genießt er bei den Vor- und Frühgeschichtlern einen besonderen Ruf: der berühmteste »Berg« Frankens östlich von Forchheim. Über 200 m ragt das Bergplateau wie eine Insel aus der Wiesentebene empor.

Eigentlich besteht die Ehrenbürg aus zwei Erhebungen: dem nördlichen Walberla (512 m) und dem südlichen **Rodenstein** (531 m). Beide Berge sind durch einen breiten Sattel miteinander verbunden. Die ca. 36 ha große Hochfläche wurde bereits in der Jungsteinzeit besiedelt und in der Urnenfelder- und Hallstattzeit (1. Jh. v. Chr.) mit einer Ringwallanlage befestigt. Funde aus dieser vorgeschichtlichen Periode finden sich im **Pfalzmuseum** von Forchheim(→ S. 78).

Um die **Walpurgiskapelle** aus dem 13. Jh. versammeln sich alljährlich am ersten Maiwochenende Tausende von mehr oder weniger frommen Pilgern zur **Walberlaskerwa**, eine Tradition, die bis ins 14. Jh. zurückreicht. Die »Heimsuchung« des Berges artete in den vergangenen Jahrzehnten zu einem Bierfest mit Zeltstadt, Ständen und allem nur erdenklichen Remmidemmi aus. Blechdosen verunzierten den unter Naturschutz stehenden Berg, und Blechlawinen verstopften die umliegenden Dörfer. Kein Wunder, daß man sich in jüngster Zeit darum bemüht, eine umweltfreundliche Walberlaskerwa durchzuführen und vor allem das Parken auf dem Bergplateau zu unterbinden.

Von Kirchehrenbach aus gelangt man vor und nach der Kerwa ohne Mühe zu Fuß auf den Berg. Vor dem Anstieg lohnt hier ein Besuch der **St.-Bartholomäus-Kirche** mit ihren vier markanten Scharwachttürmchen und der beeindruckenden Rokokofassade. Der Altar von Martin Mutschelle und die Seitenaltäre des Ebermannstädter Künstlers Friedrich Theiler aus der Zeit um 1772 zählen zu den Kostbarkeiten des Gotteshauses. Um den Dorfplatz gruppieren sich malerische Fachwerkhäuser, darunter mehrere Gasthäuser.

Entlang des idyllischen Ehrenbachtales führt ein Wanderweg ins 3 km entfernte und von viel Grün umgebene **Leutenbach** (sehenswert sind die neugotische **Pfarrkirche**, das barocke **Pfarrhaus** von Johann Michael Küchel und die mittelalterliche **Friedhofskapelle**; gute Einkehrmöglichkeit). Am Ortsausgang beginnt der Aufstieg zur **Ehrenbürg** (nach dem Hinweisschild nach Dietzhof rechts ab; ca. 5 km lang und nur mäßig ansteigend). Vom Wanderparkplatz an ist der Weg mit einem roten Strich markiert. Vom **Rodenstein** (mit Kreuz) lohnt ein Ausblick auf die zu Füßen des Bergs liegende Landschaft, die sich zur Zeit der Obstblüte wie in ein Meer aus Weiß und Rosa eingetaucht präsentiert. Durch eine Senke führt der Weg zum **Walberla** (Kapelle) und von dort zurück nach Kirchenehrenbach.

Vom Bergplateau aus war bereits die Ortschaft **Wiesenthau** zu erkennen, die sich schutzsuchend an den Westrand des Walberlas schmiegt – so als wolle sie vor den heranrollenden Autokarawanen in Deckung gehen. Mit einer hohen Mauer umgibt sich das Schloß, eine beeindruckende Dreiflügelanlage mit runden Ecktürmen, Torbau und Pförtnerhaus. Auf den Resten einer mittelalterlichen Wohnburg, die im Bauernkrieg zerstört worden war, errichtete das Hochstift Bamberg im 16. Jh. eines der bedeutendsten Renaissanceschlösser Frankens.

Hotels/Essen und Trinken

Schloßhotel Wiesenthau
Jüngst restauriertes Schloßhotel mit modernen Komfortzimmern. Schloßrestaurant im alten Marstall. Rittersaal und »Gourmet-Zentrum« unter gotischen Gewölben.
Schloßplatz 1
91369 Wiesenthau
Tel. 0 91 91/90 86, Fax 90 73
11 Komfortzimmer und eine Hochzeitssuite
Mittlere Preisklasse (Amex, DC, EC, Visa)

Zur Sonne
Zentral am Kirchplatz gelegenes einfaches Haus mit guter Küche.
Hauptstr. 25
91356 Kirchehrenbach
Tel. 0 91 91/92 65
7 Zimmer
Untere Preisklasse

Zur Sonnenterrasse
Gasthof, Café und Pension mit rustikalem Komfort.
Dorfstr. 11+13
91359 Leutenbach
Tel. 0 91 99/2 79
9 Zimmer
Untere Preisklasse

Sponsel
In der gemütlichen Wirtsstube läßt es sich wohl speisen und trinken. Zum Mitnehmen gibt es selbstgemachte Wurst, selbstgebrannten Obstler und selbstgebackenes Brot. Bierkeller außerhalb zwischen Kirchehrenbach und Wiesenthau (Lindenkeller).
Hauptstr. 45
91356 Kirchehrenbach
Tel. 0 91 91/9 44 48

Service

Auskunft

VG Kirchehrenbach
Straße zur Ehrenbürg 1
91356 Kirchehrenbach
Tel. 0 91 91/7 98 90, Fax 79 89 33

»Walberla« (Walpurgisberg) wird die Ehrenbürg im Volksmund genannt

Barocke Kirchenbaukunst, ein ausgefeiltes Gästeprogramm und eine grandiose Landschaft, kurz: das Herz der Fränkischen Schweiz!

Gößweinstein-Behringersmühle

■ D 4

Wo sich die tief eingeschnittenen Täler der Wiesent, der Püttlach und des Ailsbaches vereinen, dort befindet sich das Herz der Fränkischen Schweiz, und dort wetteifern über baumreichen Anhöhen die schlanken Barocktürme der **Gößweinsteiner Wallfahrtskirche** mit dem zinnenbekrönten Rundturm der alten Bamberger **Bischofsburg** um die Gunst der Besucher. »Schlupfwinkel des deutschen Gemüts« nannten die Romantiker den noch heute verträumt wirkenden Ort über der Wiesent. Die örtliche Gastronomie wirbt vor allem mit lebendfrischen Forellen und hausgebackenen Kuchen.

Schotten und Ritter

Durch den Ort geistern in jüngster Zeit zwei waschechte Schotten und ein Ritter in eindrucksvoller Reiterrüstung: Gößweinsteins neueste Touristenattraktion oder nur der beneidenswerte Spleen zweier Neugößweinsteiner im Umfeld der Krone?

Im Talgrund erinnern die **Sachsen-**, die **Stempfer-** und die **Behringersmühle** an bewegte Zeiten einer vergangenen Mühlenherrlichkeit. Wo sich einst das Wasserrad für den Lebensunterhalt ganzer Generationen drehte, drängen sich heute Gasthöfe und Cafés dicht aneinander. Der Fremdenverkehr ist hier für viele Familien zur unverzichtbaren Einkommensquelle geworden.

Gedenken an einen großen Poeten

Im Gasthof Distler lebt das Gedenken an den großen »Volksschriftsteller« Joseph Victor von Scheffel, der 1883 hier wohnte. Eine eigene Stube hat man dem Poeten eingerichtet – leider nur als Frühstücksraum. 1826 wurde von Scheffel geboren, verfaßte unter anderem den »Ekkehard«, eine Geschichte aus dem 10. Jahrhundert, und den »Trompeter von Säckingen«, bevor er im Jahre 1886 verstarb. Noch heute begegnet er den Wanderern auf kunstvoll gemalten Texttafeln allenthalben durch seine romantisierenden Beschreibungen aller Sehenswürdigkeiten der Fränkischen Schweiz. Ein bescheidenes Denkmal gegenüber vom Gasthof erinnert ebenfalls an ihn.

Die Wallfahrtskirche von Gößweinstein ist Ziel zahlreicher Pilgergruppen

Hotels/Essen und Trinken

Burgstuben
Wer sich etwas Besonderes gönnen möchte, dem sei ein Besuch beim Freiherrn Gilbert von Sohlern empfohlen. In der »altfränkischen Wein- und Bierkneipe« auf der Gößweinsteiner Burg (fünf Gehminuten vom Ortskern) bewirtet er seine Gäste unter anderem mit fränkischem Bier und fränkischem Wein.
Burg Nr. 30
Tel. 0 92 42/3 52
Sa, So 19–24 Uhr

Frankengold
Großzügiger Hotel- und Gaststättenkomplex in Behringersmühle. Umweltbewußtes Haus mit guter Regionalküche und gediegenem Wohnkomfort.
Tel. 0 92 42/15 05, Fax 71 14
18 Zimmer (inkl. 4 Appartements)
Mittlere Preisklasse (Visa)

Krone
Wer es vorzieht, ganz im Stil der 30er Jahre zu nächtigen (gepflegte Einrichtung, kein TV oder Radio), dem sei die Krone empfohlen! Vorzügliches Speiseangebot mit Betonung auf frischer regionaler Küche. Angenehme Atmosphäre und schön gelegene Terrasse zu Füßen der Basilika.
Balthasar-Neumann-Str. 9
Tel. 0 92 42/2 07
Untere Preisklasse (Hotel),
Obere Preisklasse (Restaurant) (EC)

Post
Traditionsreicher Gasthof mit fränkischer Küche und schönem Garten. Hier treffen sich die Wanderfreunde zu geselligen Runden.
Balthasar-Neumann-Str. 10
Tel. 0 92 42/2 78
15 Zimmer
Untere Preisklasse

Regina
Garni-Hotel am Ortsrand mit gediegenem Komfort, großzügigem Frühstücksbuffet und gemütlichem Aufenthaltsraum.
Sachsenmühler Str. 1
Tel. 0 92 42/2 50, Fax 73 62
16 Zimmer
Mittlere Preisklasse

Zur Rose
Zentral gelegener Hotelgasthof mit Café und schönem Garten gegenüber der Basilika. Großes Platzangebot, gemütlicher Frühstücksraum und gutbürgerliche Küche.
Pezoldstr. 2
Tel. 0 92 42/2 25, Fax 10 29
18 Betten
Untere Preisklasse

Scheffel-Gasthof Distler
Altehrwürdiges Hotel neben der Basilika. Gefrühstückt wird in der Scheffelstube, wo zahlreiche Dokumente an den Aufenthalt des romantischen Dichters Victor von Scheffel erinnern, der sich im Gästebuch des Hotels als »Belletriste !?« verewigte.
Balthasar-Neumann-Str. 6
Tel. 0 92 42/2 01, Fax 73 18
22 Zimmer
Untere Preisklasse

Stern
Gasthof und Pension in zentraler Lage. Heimische und internationale Küche. Idyllischer Garten, in dem besonders zur Kaffeezeit hausgemachte Kuchen und Torten gefragt sind.
Pezoldstr. 5
Tel. 0 92 42/2 49, Fax 4 42
17 Zimmer im Stammhaus,
12 Zimmer im Gästehaus Jutta
Untere Preisklasse

Sehenswertes

Burg Gößweinstein
Nach nur fünf Minuten erreicht man bequem die aus dem Mittelalter stammende und 1890 im Geist der Romantik restaurierte Burg. Zu besichtigen sind Teile der Kemenate mit Mobiliar aus dem 15. Jh., das 8 m tief in den Felsen gehauene Verlies, die Zisterne mit dem 40 m tiefen Schacht und die gewölbte Burgkapelle mit spätgotischen Figuren und einem kleinen Museum in der Sakristei (Ostern–Okt. tgl. 10–18 Uhr).

Wallfahrtskirche
Im 12. Jh. bauten die Reichsherren von Schlüsselberg eine Kirche. Die Wallfahrt zum Gnadenbild der »Heiligsten Dreifaltigkeit« setzte bereits im 15. Jh. ein und erreichte 300 Jahre später ihren Höhepunkt, so daß man um 1730 mit dem Bau einer neuen Kirche begann. Der Bamberger Fürstbischof Friedrich Karl Graf von Schönborn beauftragte damit keinen Geringeren als Balthasar Neumann, der den Bau 1739 »schlüsselfertig« übergab.

TOPTEN 5

Imposant präsentiert sich bereits die Außenfassade mit ihren beiden eleganten Türmen. Der Glanz setzt sich im Innern fort: Prachtvolle Stukkaturen des Bambergers Franz Jakob Vogel schmücken die mächtigen Gewölbe. Johann Michael Küchel entwarf den alles beherrschenden Hochaltar. Die schneeweißen Figuren und das üppige Golddekor kommen im lichtdurchfluteten Chor besonders wirkungsvoll zur Geltung. Und als Krönung das Gnadenbild, das noch heute Tausende von Pilgern und Wallfahrern in die Basilika von Gößweinstein lockt. Neben der Basilika sind in der Votivkammer zahlreiche Wachstafeln und Votivbilder ausgestellt.
Führungen Mai–Okt. Di 10.30 Uhr

Service

Auskunft

Verkehrsamt Gößweinstein
Haus des Gastes mit Bücherei, Leseraum und heimatkundlicher Sammlung.
Burgstr. 6
91327 Gößweinstein
Tel. 0 92 42/4 56, Fax 9 80 40
Mo–Fr 8–12 Uhr und 14–17 Uhr, während der Saison auch Sa

Verkehrsamt Behringersmühle
Hauptstr. 7
Tel. 0 92 42/8 40
Mai–Okt. Mo–Fr 9.15–12,
Sa 9–12 Uhr

Angeln

Fischwasser in der Püttlach (nur Fliegenfischen).
Behringersmühle 43
Tel. 0 92 42/3 57

Freizeitzentren

Freizeitzentrum Gößweinstein
Mit Kneippanlage, Minigolf, Hindernis-Billard, Vita-Parcours und beheiztem Freibad beidseitig der August-Sieghardt-Str. (Richtung Behringersmühle). Beim Minigolf Café-Terrasse und Biergarten ab 10 Uhr.

Freizeitpark Behringersmühle
Am Heuberg (zwischen Ailsbach und Püttlach) mit Kneippanlagen, Tennisplätzen und Sommer-Eisstockbahn.

Hallenbad

Mit medizinischer Abteilung, Massagen, Sauna und Solarium.
Balthasar-Neumann-Str. 33
Tel. 0 92 42/14 75
(Bäderabt. Tel. 18 85)
Mo–Fr 15–21, Sa, So und feiertags 14–17 Uhr

Ausflugsziele

Ahorntal und Ailsbachtal ■ E 3/D 4

Auf einer weitgehend waldfreien Anhöhe sammeln sich mehrere Wasser im Ailsbach und bilden das sogenannte Ahorntal. Westlich von Kirchahorn wird das Tal enger. Bewaldete Höhenrücken und bizarre Felsgruppen drängen sich bis dicht an die Ufer des Ailsbaches. Etwa bei der Schweinsmühle beginnt das romantische Ailsbachtal, das sich in südlicher Richtung bis Behringersmühle erstreckt.

Oberailsfeld gilt als Mittelpunkt des romantischen Ailsbachtals. Sehenswert ist die **Pfarrkirche St. Burkard**, deren Geschichte bis ins Jahr 1007 zurückreicht. Der heutige Bau stammt aus dem Barock und gilt wegen seiner einheitlichen Ausstattung als wertvoll.

In Kirchahorn saßen im 12. Jh. die Edlen von Ahorn, deren Stammsitz sich auf **Klausstein** befand. Am Ort errichteten sie eine Wasserburg, die später verfiel. Die Pfarrkirche weist ein erstaunlich dekoratives Portal des Bildhauers **Johann Michael Doser** auf, dessen schwere Formen die barocke Bauzeit von 1735 erkennen lassen. Ein Grabstein ist den Rabensteinern gewidmet, die vom 15. bis ins 18. Jh. in Kirchahorn residierten. In ihrem stattlichen Amtshaus gegenüber der Kirche sind heute das Rathaus und das Fremdenverkehrsamt untergebracht.

Auch auf **Adlitz** und **Weiher** saßen die Rabensteiner Ritter. In Weiher, einem ehemaligen Wasserschloß, sitzen heute Nachkommen der Familie von Schönborn, während Schloß Adlitz heute den Seefrieds von Buttenheim als Wohnsitz dient. Beide Schlösser sind nur von außen zu besichtigen.

30 m hoch über dem Ailsbachgrund erhebt sich **Burg Rabenstein**. Erbaut wurde sie wahrscheinlich Ende des 12. Jh. Was heute zu sehen ist, wurde in der Zeit um 1829

Auf einem mächtigen Felssporn erhebt sich Burg Rabenstein

errichtet. Zinnengiebel schmücken den Burgenbau, dessen Aussehen nichts mit der Anlage der Waischenfelder, Schlüsselberger oder Schönborns mehr gemeinsam hat. Eine Innenbesichtigung ist derzeit nicht möglich. In der neu eröffneten Burgschänke bietet sich dagegen eine Einkehr an.

Victor von Scheffel war stets von der benachbarten **Klausstein-Kapelle** angetan. Die über 800 Jahre alte Kapelle gehörte einst zur Burg Ahorn, auf der die Rabensteiner saßen, von der aber nicht einmal mehr eine Ruine übrigblieb. Romanisch ist die Kapelle im Kern, spätgotisch der Chor, barock die Ausstattung und lohnenswert der Besuch vor allem wegen der herrlichen Aussicht, die man von hier oben hinunter ins Ailsbachtal genießt!

Hotel/Essen und Trinken

Neumühle
Zu Füßen der Burg Rabenstein macht sich der jüngst renovierte Gasthof mit eigener Pension breit. Im gemütlichen Restaurant finden sich vor allem die Wanderer ein.
Neumühle 31
95491 Ahorntal
Tel. 0 92 02/2 28
Untere Preisklasse

Sophienhöhle ■ D 3

Ca. 3 km südöstlich von Waischenfeld erwartet die Besucher unterhalb der Klaussteinkapelle eine der schönsten Tropfsteinhöhlen der Fränkischen Schweiz. Ein Labyrinth aus Schluchten, Kammern, Gängen und Hallen schafft eine beeindruckende Szenerie. In vier Abteilungen auf einer Gesamtlänge von 465 m erschließt sich eine faszinierende Welt von Tropfsteinen (»Millionär«, der größte Stalagmit, ist 2,4 m hoch) und Sinterflächen. Auch die Spuren einstiger Höhlenbewohner, von Mammuts, Riesenhirschen und Höhlenbären, lassen sich verfolgen.
April–Okt. Führungen tgl.
9–17.30 Uhr

Wichsenstein ■ D4/D 5

Circa 6 km westlich von Gößweinstein lohnt ein Ausflug zum zweithöchsten Berg der Fränkischen Schweiz: zum 589 m hohen Wichsenstein, einst im 12. Jh. Edelsitz der Ritter Wikker und Eberhard von Stein. Die beiden gelten als Erbauer der Burg, von der heute nur noch karge Mauerreste vorhanden sind. Schuld daran sind die Wichsensteiner selbst, da sie im 15. Jh. die Bamberger und Nürnberger Kaufleute solange malträtiert haben, bis schließlich Bischof Albrecht von Bamberg die Burg abbrechen ließ.

Vom höchsten Punkt des bizarren Burgfelsens – gut erreichbar über ein eisernes Treppengerüst mit 207 Stufen – genießt man bei klarer Sicht einen herrlichen Rundumblick auf die Täler und Höhen der Fränkischen Schweiz (Sichtweite bis 30 km).

Essen und Trinken

Greller
Berggasthof, Pension und Café unterhalb des Wichsenstein. Mit Fahrradverleih, Diätküche und schöner Cafè-Terrasse. Kinder und Hunde sind hier willkommen!
Wichsenstein 14
91327 Gößweinstein
Tel. 0 91 97/4 14
Ab 9 Uhr durchgehend geöffnet
Mo geschl.
14 Zimmer
Untere Preisklasse

Hier trifft der Begriff »gute Stube« noch auf den Marktplatz zu: Zu Füßen der Pfarrkirche gruppieren sich dekorative Bürgerhäuser am Ufer der Leinleiter.

Heiligenstadt

■ C3

Als 1991 der »Heiligenstadter Hof« anstelle des abgebrannten Gasthofes Fürst in neuem Gewande wieder eingeweiht werden konnte, hatte man die Schrecken der verheerenden Flammen längst vergessen. Man war stolz auf den schmucken Neubau des traditionsreichen Hauses, dessen dekorative Fachwerkfassade sich harmonisch in das ebenfalls neu gestaltete Ensemble des Marktplatzes einfügt. Zur »guten Stube« von Heiligenstadt gehören auch das frisch herausgeputzte **Rathaus** und der restaurierte **Oertelshof**, der den Heiligenstädtern als Bürgerzentrum mit Bücherei, Leseraum und Tourist-Information dient. Die alte **Ortelscheune** wird nach ihrem Umbau heute als Kulturzentrum für Veranstaltungen und Ausstellungen genutzt.

Über dem **Marktplatz**, der von der Leinleiter durchflossen wird und dessen Marktbrunnen zur Osterzeit besonders liebevoll geschmückt wird, erhebt sich beherrschend die **Pfarrkirche**. Seit 1582 ist sie fest in protestantischer Hand, weshalb Heiligenstadt früher einmal »Lutherisch Hallstadt« genannt wurde. Seit dem 13. Jahrhundert hatten die Herren von Streitberg hier das Sagen. Sie saßen auf dem Schloß **Greifenstein** und brachten nahezu das gesamte **Leinleitertal** unter ihre Herrschaft. Durch sie setzte sich die Reformation in Heiligenstadt durch. Erst im Jahre 1692 übernahm der Bamberger Fürstbischof **Marquard Schenk von Stauffenberg** die Grundherrschaft. Seine Nachkommen, darunter der Onkel des Hitler-Attentäters Claus Schenk von Stauffenberg, sitzen noch heute auf Schloß Greifenstein.

Zu dieser kulturellen Vielfalt auf engstem Raum gesellt sich eine landschaftliche Kulisse von außerordentlicher Schönheit. Bereits Fürst Pückler-Muskau schrieb in einem Brief aus dem Jahre 1835: »Ich nahm meinen Weg über Heiligenstadt durch ein herrliches Thal, sehr von den gestern gesehenen verschieden und mehr der Idylle verwandt (...). Hundert muntere Bächlein ringeln sich durch die nahen Wiesen, die bewaldeten Berghänge schützen vor den kalten Winden des Nordens.«

Auch heute wirbt die Marktgemeinde berechtigterweise mit diesen landschaftlichen Pfunden.

Burg Greifenstein ist Familiensitz der Grafen von Stauffenberg

Hotels/Essen & Trinken

Drei Kronen
Brauereigasthof am Marktplatz mit heimischer, preisgünstiger Küche.
Marktplatz 5
Tel. 0 91 98/5 22
5 Zimmer
Untere Preisklasse

Heiligenstadter Hof
Zentral am Marktplatz und am Ufer der Leinleiter gelegenes Hotel. Geschmackvoll ausgestatteter Neubau in historischem Gewand. Gediegenes Restaurant, gute fränkische Küche und gemütliche Freiterrasse.
Marktplatz 9
Tel. 0 91 98/7 81 und 7 82, Fax 81 00
24 Zimmer
Mittlere Preisklasse (EC, Visa)

Neumühle
Gasthof und Pension zwischen Heiligenstadt und Greifenstein mit fränkischer Küche und eigenem Fischwasser (Restaurant Mo geschl.).
Neumühle 72
Tel. 0 91 98/2 28, Fax 7 14
10 Zimmer
Untere Preisklasse

Rudy's Café
Speiselokal mit guter und preiswerter Küche.
Hauptstr.
Tel. 0 91 98/2 59
Mi geschl.
Untere Preisklasse

Sehenswertes

Pfarrkirche St. Veit und St. Michael
Vermutlich an der Stelle einer mittelalterlichen Burg entstand im 15. Jh. das Heiligenstädter Gotteshaus. Die alte Zehentscheune wurde zum Langhaus umgebaut. Der Turm mit seiner markanten Barockkuppel dürfte als Bergfried gedient haben. Die Inneneinrichtung beeindruckt durch ihre barocke Verspieltheit. Markant die bemalte Holzkassettendecke und die elegant wirkende, aus Bamberg stammende Orgel mit ihren Schnitzereien aus dem frühen 18. Jh. Über drei Wände des Langhauses spannt sich eine reichdekorierte Doppelempore. Mit üppigem Schmuck sind auch Taufstein und Kanzel (um 1680) ausgestattet.

Schloß Greifenstein
Nur unweit nördlich von Heiligenstadt ragt weithin sichtbar das Greifensteiner Schloß über die Baumwipfel eines 502 m hohen Bergrückens hinaus. Die ehemalige Burg der Schlüsselberger und Streitberger Ritter befindet sich seit 1692 im Besitz der Grafen von Stauffenberg und ist im Gegensatz zu den meisten vergleichbaren Anlagen für die Öffentlichkeit zur Besichtigung zugänglich (ausgenommen die Privaträume).

Die Pläne für den Umbau im Jahre 1693 stammen von Leonhard Dientzenhofer. Unter sachkundiger Führung werden unter anderem die Waffenkammer, der Ahnensaal, die Schloßkapelle, das Jagdzimmer und der Geweihgang gezeigt. Im Hof wird voller Stolz ein Blick in den 92 m tiefen Burgbrunnen gewährt.

Im Anschluß an die Schloßbesichtigung empfiehlt sich ein Rundgang durch den barocken Park, der von den Stauffenbergs als »Lustgarten« angelegt wurde (mit Lindenallee, Ceres-Tempel, Chinesischem Pavillon, gotischer Kapelle, Spaltenhöhle und Eremitenhaus). Unterhalb des Parkplatzes lädt die »Burgschenke« zur Einkehr ein.
Schloßführungen (40 Min.; mindestens 4 Personen) Mo–So 8.30–12 (11.15 Uhr letzter Einlaß) und 13.30–17.30 Uhr (16.45 Uhr letzter Einlaß)

Am Abend

Irish Pub
Mit irischen Gerichten, irischem Bier und Live-Musik.
Zoggendorf
Hauptstr.
Fr–So bis 3 Uhr

Service

Auskunft

Verkehrsbüro
Im Haus des Gastes (restaurierter Oertelhof gegenüber dem Rathaus)
91331 Markt Heiligenstadt
Tel. 0 91 98/92 99 24, Fax 92 99 40
(Sa und So nachmittags Tel. 4 62, Frau Rünagel)
Mo–Fr 8–12, Sa 10–12 Uhr

Ausflugsziel

Leinleitertal ■ C 3/C 4

Zu Füßen des **Heroldstein** (516 m) und des **Voigenberg** (534 m) entspringt nahe der Heroldsmühle die Leinleiter, in unmittelbarer Nähe eines sogenannten Tummlers (periodisch auftretende Quelle). An Oberleinleiter, Burggrub (Pfarrkirche mit sehenswerter, spätgotischer Ausstattung) und Zoggendorf vorbei bahnt sich die Leinleiter ihren Weg durch Heiligenstadt und Traindorf nach **Veilbronn**, das sich malerisch zu Füßen steil aufragender Dolomitfelsen (Totenstein, Maxfelsen) ausbreitet. Zentrum des unteren Leinleitertals ist **Unterleinleiter** mit seinen beiden Pfarrkirchen und dem bezaubernden Rokokoschloß der Freiherren von Seckendorff (16. Jh.; Umbau um 1770; heute in Privatbesitz). Bei Gasseldorf mündet die Leinleiter in die Wiesent.

Hotels

Lahner
Landgasthof mit Pension und Café im Grünen; mit Sauna, Solarium, Fitneßraum und schön gelegener Terrasse.
Veilbronn 10
Tel. 0 91 98/2 76, Fax 3 05
37 Zimmer
Untere Preisklasse

Sponsel-Regus
Gasthof mit neuem Bettenhaus in Ortsmitte. Gediegene Räumlichkeiten, Geschenkboutique und idyllische Terrasse unter alten Linden. Günstige Brotzeiten und Kindergerichte.
Veilbronn 9
Tel. 0 91 98/2 22 und 9 29 70
Fax 14 83
43 Zimmer
Untere Preisklasse

Essen und Trinken

Heroldsmühle
Historisches Mühlengebäude an der Leinleiterquelle; deftige Brotzeiten und frisch zubereitete Fischgerichte (eigene Fischzucht).
Heroldsmühle 3
Tel. 0 91 98/6 41
Mo und Di geschl.
Untere Preisklasse

Ott
Brauereigasthof mit traditionell gutem Bier und empfehlenswerter heimischer Küche.
Oberleinleiter
Tel. 0 91 98/2 71
So geschl.
Untere Preisklasse

Was man hier nicht vermutet: Kunst und Kultur auf engstem Raum, darunter ein »Künstlerstadl« und eine zum Theater umgebaute Kirche.

Hollfeld

■ D 2

Die Stadt im Oberen Wiesenttal eignet sich ideal als Standort für einen längeren Aufenthalt in der Oberen Fränkischen Schweiz: Ausgedehnte Wanderungen in waldreicher Umgebung, Ausflüge nach Bamberg und Bayreuth und nicht zuletzt das reichhaltige Kulturangebot vor Ort sprechen für Hollfeld als Standquartier.

Zwischen der barocken **Stadtpfarrkirche** und dem **Oberen Tor** gruppieren sich malerische Fachwerkhäuser um den städtebaulich bedeutungsvollen Marienplatz. Das **Wittauerhaus** neben dem Rathaus zählt zu den schönsten Fachwerkbauten in der Fränkischen Schweiz. Der **Künstler-Stadl**, die zum Theater umgebaute **Gangolfskirche** und die **Museums-Scheune** lohnen allein schon den Ausflug, und die Sehenswürdigkeiten rund um die Stadt sind ebenfalls vom Feinsten: die Schlösser **Wiesentfels** und **Freienfels**, das markgräfliche Juwel **Sanspareil** mit seiner imposanten Grottenarchitektur und **Thurnau** mit seinem herrlichen Schloß.

Der im Jahre 1017 erstmals in den Quellen genannte und zu dieser Zeit bereits als ottonische Landesburg bedeutende Ort entwickelte sich unter den Bamberger Bischöfen zu einer wehrhaften Bastion gegen die benachbarten Markgrafen von Kulmbach-Bayreuth. Hollfeld wurde im frühen 14. Jahrhundert zur Stadt erhoben und mit wehrhaften Befestigungsanlagen ausgestattet. Zu Füßen der Oberstadt entwickelte sich die bürgerliche Siedlung der Händler und Handwerker. Ein Brand im Jahre 1724 legte große Teile der Bischofsstadt in Schutt und Asche. Nur noch Reste der Stadtmauer im Südwesten, das Obere Tor und der Turm der Gangolfskirche, einst ein stattlicher Wehrturm, blieben erhalten.

Hollfeld ist von einem ausgedehnten Netz an gutausgeschilderten Wanderwegen umgeben. Von der Stadt aus über das Kainachtal (Wegemarkierung »K«) sind Wonsees und Sanspareil gut zu erreichen (Rundwanderung über Schönfeld ca. 16 km; Halbtagesausflug). Auf dem »Burgenweg« mit der Markierung »B« gelangt man zu den Burgen Neidenstein, Freienfels und Wiesentfels (einschließlich Kainachtal auf dem Rückweg ca. 14 km; Halbtagesausflug).

Hotels und andere Unterkünfte

Bettina
Südlich der Stadt gelegenes Tagungshotel und Ausflugsrestaurant im rustikalen Stil.
Treppendorf 22
Tel. 0 92 74/7 47, Fax 14 08
11 Zimmer
Untere Preisklasse (Amex, EC)

Brehm
Ruhig gelegenes Gästehaus am historischen Marienplatz.
Marienplatz 6
Tel. 0 92 74/10 26
2 Zimmer
Untere Preisklasse

Schrenker
Einfacher Gasthof mit Pension im separaten Gästehaus. Ideal für Radler und Wanderer. Eigene Hausschlachtung und Forellengewässer.
Spitalhof 2
Tel. 0 92 74/2 01
11 Zimmer
Untere Preisklasse

Wittelsbacher Hof
Hotel und Restaurant in der »Unterstadt«. Helle, freundliche Räumlichkeiten und großes Platzangebot für Gruppenreisen und Tagungen. Im Restaurant einheimische Kost, vegetarische Spezialitäten und ausgefallene Gerichte; Schmankerlwochenenden.
Langgasse 8
Tel. 0 92 74/6 11, Fax 8 05 16
16 Zimmer
Untere Preisklasse (EC)

Sehenswertes

Gangolfskirche
Einst Wehrkirche, später barockes Gotteshaus und heute Heimstätte des Turm-Theaters St. Gangolf. Ihr trutzig wirkender Turm mit seinem Wehrgang und dem dekorativen Holzkranzgesims avancierte zum heutigen Wahrzeichen der Stadt.

St. Salvator birgt im Inneren eine prunkvolle Barockausstattung

Marienplatz
Der Hollfelder Marienplatz besticht durch seine geschlossen wirkende Architektur. Um das ovalförmige Ensemble reihen sich stattliche Bürgerhäuser, der sehenswerte Fachwerkbau Wittauerhaus (heute Tourist-Information), das dekorative Rathaus und die Gangolfskirche. Die abgeschiedene Lage auf einem Bergrücken oberhalb der pulsierenden Kleinstadt sorgt für eine heimelige Atmosphäre. Aber auch die Gassen rings um den Platz strahlen eine kleinstädtische Gemütlichkeit aus, die man in dieser Konzentration selten antrifft.

Pfarrkirche Mariä Himmelfahrt
Die Hollfelder Pfarrkirche im Westen des Marienplatzes beeindruckt jeden Besucher bereits durch ihre spätbarocke Turmfassade. Nicht minder bedeutsam ist auch die einheitliche Ausstattung mit Altären und Kanzel aus dem Bestand der ehemaligen Dominikanerkirche von Bamberg (um 1760).

Salvatorkirche
Die im Süden der Stadt an der Straße nach Waischenfeld gelegene Wallfahrtskirche wurde 1704 an der Stelle einer karolingischen Feldkirche errichtet. Baumeister war kein Geringerer als Johann Leonhard Dientzenhofer. Der dem Äußeren nach eher schlichte Bau birgt im Innern einige Kostbarkeiten aus Hollfelder Kunstwerkstätten. So den Hochaltar von Johann Lauter aus dem Jahre 1705, der sich der Architektur des dreiseitigen Chores mit seinen Deckengemälden ideal anpaßt. Wertvoll ist das Christusbild von 1630 wegen des darunter abgebildeten Lentulusbriefes, in dem der Vorgänger von Pilatus seinem Kaiser über Jesus, einen »mensch großer ubertreffenlicher Kraft«, berichtet.

Museum

Museumsscheune
Am Rande des Marienplatzes birgt in der Judengasse eine alte Scheune Sehenswertes an bäuerlicher Arbeitskultur und Handwerkstradition. Neben landwirtschaftlichen Geräten und ausgefallenem Hausrat sind ganze Werkstattinventare einer Wagnerei und einer Schmiede zu sehen.
Judengasse
Mai–Okt. Sa 14–17 Uhr

Essen und Trinken

Mandarin
Neues Chinarestaurant mitten in der Altstadt. Gepflegte Atmosphäre und freundliche Bedienung.
Unterer Markt 3
Tel. 0 92 74/84 92
Tgl. 11.30–14.30 und
17.30–23.30 Uhr
Mittlere Preisklasse

Einkaufen

Frische Produkte vom eigenen Hof, darunter Bauernbrot, »Ziberlaskäs« und Eierlikör.
Löffelweg 1 (Aussiedlerhof)
Di und Do 10–18 Uhr

Künstler-Stadl
In den neuen Räumen einer alten Scheune kann man Glas, Schmuck, Edelsteine, Lavabrunnen, Keramik und Pflanzen kaufen. Beeindruckend auch das Riesenaquarium.
In den Ateliers, die zum Teil zu besichtigen sind, haben sich mehrere Künstler niedergelassen. Kursangebote.
Eiergasse 14
Tel. 0 92 74/86 05, Fax 8 06 36

Am Abend

Kintopp
Programm-Kino mit zwei bis drei Filmen pro Woche (Do–Mo). Im angeschlossenen Kaffeehaus kleine Gerichte, Biere vom Faß und natürlich reichlich Kaffee und Kuchen.
Theresienstr. 8
Tel. 0 92 74/3 43
Kaffeehaus Do–Mo ab 19,
So ab 17 Uhr

Turmtheater St. Gangolf
Das Ensemble des Hollfelder Theaters gastiert in den Sommermonaten an mehreren Plätzen in der Fränkischen Schweiz, so auch im benachbarten Grottentheater von Sanspareil. Während der kühleren Jahreszeit werden in den Räumen der ehemaligen Kirche Musik-, Theater- und Kleinkunstabende geboten. Das Programm liegt in der Tourist-Information auf.

Service

Auskunft

Tourist-Information
Gäste-Information für Hollfeld, Aufseß und Plankenfels
96142 Hollfeld
Marienplatz 18 (Wittauerhaus)
Tel. 0 92 74/7 27, Fax 8 01 37
Mo–Fr 8–11.30,
Do zusätzl.14–18 Uhr

Hollfelder Kunstausstellung
In der zweiten Julihälfte bietet Hollfeld alles auf, was in der kunsthandwerklichen Szene der Region Rang und Namen hat. Workshops im Wittauerhaus zu Themen wie Hinterglasmalerei, Töpfern und Plastiken begeistern jung und alt.

Ausflugsziele

Neidenstein, Freienfels und Wiesentfels ■ C 2/D 2

Von Hollfeld aus bietet sich nach Westen eine Fahrt zu diesen drei Burgen an. Die Ruine **Neidenstein** über der Wiesent geht auf eine wehrhafte Anlage des späten 15. Jh. zurück. Noch heute ragen von der im Dreißigjährigen Krieg zerstörten Burg bis zu 15 m hohe Mauerreste auf (wegen Baufälligkeit ist das Betreten der Anlage verboten).

Auch die ehemalige Burg **Freienfels** aus dem 13. Jh., im Bauernkrieg zerstört, nach dem Dreißigjährigen Krieg niedergerissen und danach neu errichtet – heute ein imposantes Schloß in Privatbesitz –, ist von innen nicht zu besichtigen. Der auf einem knapp 50 m hohen Felsen aufragende stattliche Zweiflügelbau wird von einer gewaltigen Ringmauer mit Rundtürmen umgeben. An die Schloßmauern schmiegt sich die ehemalige Schloßkapelle, heute katholische **Pfarrkirche zur Hl. Dreifaltigkeit** (wertvolle Stuckausstattung).

Dritte im Bunde: die ehemalige Burg **Wiesentfels**, heute ein imposantes Schloß in Privatbesitz. Das Schloß wurde in den Jahren von 1476 bis 1481 errichtet und umfaßt neben dem eigentlichen Wohnbau mit seinem markanten Treppengiebel noch mehrere Anbauten, darunter einen Torturm mit Kapelle aus dem 16. Jh.

Hotel/Essen und Trinken

Waldmühle
Im Wiesenttal gelegener Gasthof mit Pension im Neubau und Kinderspielplatz. Kleiner Campingplatz am Haus (Mitte April–Mitte Okt.).
96142 Freienfels 31
Tel. 0 92 74/2 55
2 Zimmer
Untere Preisklasse

Wiesentquelle ■ C 2

Oben auf dem »Gebirg« liegt **Steinfeld**. In unmittelbarer Nähe entspringt die Wiesent, bevor sie sich auf ihren knapp 70 km langen Weg quer durch »die Fränkische« macht. Eigentlich sind es mehrere Quellen, die hier den Oberlauf der Wiesent speisen. Eine davon ist mit Bruchsteinen eingefaßt. Sehenswert ist die kleine **Wallfahrtskirche zum Hl. Kreuz** im Süden von Steinfeld. Die Ausstattung ist durchweg barock.

Vom Norden her schlängelt sich ein kleiner Bergbach durch das autofreie Paradiestal auf die Wiesent zu. Mehrere Dolomitfelsen, die bei den Kletterfreunden sehr beliebt sind (unter anderem **Dachstein** und **Felsenwand**), schieben sich hier an den Talgrund heran. Die Urtümlichkeit der Landschaft verlockt zu einem Wanderausflug (Rundwanderung über Treunitz ca. 7 km; Markierung »Blauer Ring«).

Wonsees ■ D 1/D 2

Wonsees bietet zwei Attraktionen: **Burg Zwernitz** und den **Felsengarten Sanspareil**. Der Ort selbst liegt eingebettet in einen Kranz von schattigen Kleintälern (Schwalbach-, Wacholder- und Pfaffental) und bewaldeten Anhöhen, die sich bei **Gelbsreuth** bis auf eine Höhe von 561 m erheben. Ein ideales Gebiet für ausgedehnte Wanderungen! Den Ort überragt der markante Turm der **Laurentiuskirche**.

Hotels

Erlmann
Ländlicher Dorfgasthof im Schwalbachtal. Fränkische Spezialitäten und eigene Hausschlachtung.
96197 Schirradorf 36
Tel. 0 92 20/3 43
5 Zimmer und 1 Ferienwohnung
Untere Preisklasse

Zur Krone
Zentral am Marktplatz gelegener Gasthof mit Pension.
96197 Wonsees
Tel. 0 92 74/4 41
Untere Preisklasse

Sehenswertes

Sanspareil
Das Ortsbild von Sanspareil, heute ein Gemeindeteil von Wonsees, wird beherrscht vom Bergfried der **Burg Zwernitz**, deren Geschichte bis ins 12. Jh. zurückreicht (um 1150 vom fränkischen Adelsgeschlecht der Walpoten errichtet). Aus dieser romanischen Bauzeit sind noch mächtige Buckelquader am Turm und am Archivbau erhalten. Nach ihrer Zerstörung durch die Nürnberger im 16. und durch kaiserliche Truppen im 17. Jh. wurde die Anlage 1747 als »Staffage« für den **Felsengarten** instand gesetzt, den die Bayreuther Markgräfin Wilhelmine in den Jahren 1745 bis 1748 anlegen ließ. Die Burg aus dem 12. Jh. ist zu besichtigen. Überragt wird die Anlage vom weithin sichtbaren, 35 m hohen **Bergfried**, dessen lohnende Aussichtsplattform für Besucher zugänglich ist. In den Räumen sind Waffen und Einrichtungsgegenstände des 16. und 17. Jh. zu sehen.

Spektakulär das Verlies, das den Besuchern noch heute einen leisen Schauer über den Rücken jagt.

TOPTEN 1 Der benachbarte **Felsengarten** von Sanspareil (von **sans pareil** = ohnegleichen) wird bereits 1434 erstmals genannt, geht in seiner heutigen Form jedoch auf die Umgestaltung im 18. Jh. zurück, als Markgräfin Wilhelmine ihre Gartenarchitekten Joseph Saint-Pierre und Jean Baptiste Pedrozzi anhielt, die vorhandenen Naturschönheiten (spektakuläre Felsengruppen und Grotten) in eine Park- und Vergnügungslandschaft umzuwandeln. Sanspareil gilt als erster Landschaftsgarten auf dem europäischen Festland.

Vom ehemaligen **Küchenbau** (heute Café) führt der Rundweg am **Morgenländischen Bau** (ehemaliges Schlößchen mit vier Flügeln in maurischer Bauweise; gesondert zu besichtigen) und mehreren sehenswerten Grotten und Felsenarrangements vorbei zum tief im Wald gelegenen **Felsentheater**. In dem künstlichen Ruinen- und Grottenbau werden noch heute Theatervorstellungen angeboten, die für jeden Besucher ein einmaliges Erlebnis darstellen.

Burg Zwernitz
Mitte April–Mitte Okt. Di–So 9–12 und 13.20–17 Uhr, letzter Einlaß jeweils 11.30 und 16.30 Uhr

Essen und Trinken

Schloßcafé
Café und Imbiß im ehemaligen Küchenbau von Sanspareil. Kaffee, Kuchen und kleine Gerichte (Selbstbedienung); schöne Terrasse mit Blick auf den Morgenländischen Bau.
Di–So 10–17 Uhr

Service

Auskunft

Gemeindeverwaltung
96197 Wonsees
Tel. 0 92 74/2 13 oder 09 28/6 16

Felsentheater von Sanspareil: Beispiel einer Parklandschaft des 18. Jh.

Hinter der »Marktgemeinde Wiesenttal« verbergen sich zwei Juwele der Fränkischen Schweiz: Muggendorf und Streitberg, zwei Orte mit reicher Tradition!

Muggendorf/ Streitberg

■ C 4/D 4

Die beiden ältesten staatlich anerkannten Luftkurorte Muggendorf und Streitberg wurden im Zuge der Gebietsreform zur neuen **Marktgemeinde Wiesenttal** zusammengeschlossen. Gemeinsam ist beiden Orten eine ruhmreiche Vergangenheit als Kurort. Während man heute im **Alten Kurhaus** von Streitberg kulinarischen Genüssen frönt, wird das **Alte Kurhaus** von Muggendorf zu einem neuen Kur- und Gemeindezentrum umgebaut.

Oberhalb von Streitberg zeugen die Ruinen von **Burg Neideck** und die Reste der im Jahre 1812 abgebrochenen **Streitburg** von einer bewegten Vergangenheit, in der sich die Schlüsselberger, das Bistum Bamberg und die Nürnberger Burggrafen über die Jahrhunderte hinweg erbitterte Kämpfe lieferten.

Die **Binghöhle** bei Streitberg gehört zu den interessantesten Naturdenkmälern der Fränkischen Schweiz.

Romantik wie aus dem Bilderbuch: die über der Wiesent thronende Burg Neideck

Hotels und andere Unterkünfte

Altes Kurhaus
Die ehemalige Molken-Kuranstalt beherbergt heute ein gediegenes Hotel und Restaurant. Die fränkische Küche wird hier geradezu zelebriert. Tischreservierung empfehlenswert. Die Hotelgäste genießen vom Garten einen bezaubernden Blick ins Wiesenttal.
Streitberger Berg 13
88441 Streitberg
Tel. 0 91 96/7 36
6 Zimmer
Mittlere Preisklasse

Goldner Stern
Hotel und Restaurant in zentraler Lage von Muggendorf. Idyllischer Innenhof, stimmungsvolle Stube und großzügige Bar.
Marktplatz 6
91346 Muggendorf
Tel. 0 91 96/2 04, Fax 14 02
22 Zimmer
Mittlere Preisklasse

Zur Wolfsschlucht
Gasthof und Pension an der Wiesent. Geschmackvoll restaurierte Gasträume, Kegelbahn, Biergarten sowie erholsame Spiel- und Liegewiese für Hotelgäste.
Wiesenttal 1
91346 Muggendorf
Tel. 0 91 96/3 24, Fax 6 70
15 Zimmer
Untere Preisklasse

Jugendherberge
Am Gailing 6 (westlich Richtung Forchheim an der B 470)
88441 Streitberg
Tel. 0 91 96/2 88

Sehenswertes

Binghöhle
1905 wurde sie durch den Nürnberger Kommerzialrat Ignaz Bing entdeckt. Eigentlich handelt es sich nicht um eine Höhle, sondern um einen unterirdischen Wasserlauf, der heute auf einer Strecke von ca. 400 m begehbar ist. An manchen Stellen gelangen die Besucher nur in gebückter Haltung vorwärts, was jedoch dem Zauber der Tropfsteinwelt keinen Abbruch leistet. Der **Kerzensaal** und die **Venusgrotte** zählen zu den spektakulären Räumen der Binghöhle. Umgestürzte Stalagmiten erinnern an ein gewaltiges unterirdisches Erdbeben. Vom Ausgang führt ein ca. fünfminütiger Fußweg zurück zum Höhleneingang.
Führungen Mitte März–Anfang Nov. 8–12 und 13–17 Uhr;
Dauer ca. 1 Std.

Burg Neideck
Auf einer ins Wiesenttal vorspringenden Felszunge ragen die Mauerreste der einst so stolzen Burg Neideck in den Himmel. Die Ruinen erregten bereits im 18. Jh. die Gemüter der Romantiker. »Die größte und romantischste Ruine, die schönsten Trümmer einer Burg«, schwärmte Ernst Moritz Arndt im Sommer 1798.
Die Ursprünge der Burg reichen ins frühe 13. Jh. zurück. Der Ausbau erfolgte unter den Schlüsselbergern. 1553 wurde sie zerstört, als Markgraf Albrecht Alkibiades gegen das Bistum Bamberg zu Felde zog. Zu sehen, aber nicht vollständig begehbar, sind auf dem ca. 100 x 200 m großen Areal noch der dreigeschossige Wohnturm aus Schlüsselberger Zeiten (mit Kamin und Aborterker über dem Felsabgrund), Reste der alten Vorburg und der Schildmauer (bis zu 5 m hoch) und zwei Kanonentürme aus dem 16. Jh.

Riesenburg und Quackenschloß
Skurril bis idyllisch anmutende Felsengebilde östlich und südöstlich von Muggendorf. Die beiden sagenumwobenen Dolomitfelsen aus der Zeit des Jura-Meeres liegen am »Romantischen Weg« (Durch das Schottertal nach Engelhardsberg, → Routen und Touren, S. 116).

St. Laurentius/Muggendorf
Eine kunstgeschichtliche Rarität erwartet die Besucher der Muggendorfer Pfarrkirche. Dekorative Malereien mit biblischen Szenen aus dem Alten und Neuen Testament zieren die Langhausemporen. Die Bilder wurden erst 1970 freigelegt. Entstanden sind sie um 1710. Die Pfarrkirche aus gotischer Zeit brannte im Dreißigjährigen Krieg nieder und wurde 1632 wieder neu errichtet.

Essen und Trinken

Feiler
Das renommierte Haus im Herzen von Muggendorf wartet mit einer »Restaurant-Landschaft« von exklusivem Zuschnitt auf. Die Gourmetküche von Feiler ist für ihre Naturnähe und Frische bekannt. Dekorativ bemalte Glasfenster und ein traumhaft schöner Innenhof bilden den optischen Höhepunkt der im Jahre 1895 gegründeten Weinstube. Das Tüpfelchen auf dem »i«: ein romantisches Wochenende im Feilerschen Landhaus zu Bärnfels.

TOPTEN 3

Oberer Markt 4
91346 Muggendorf
Tel. 0 91 96/9 29 50, Fax 3 62
15 Zimmer
Luxusklasse (Amex, DC, EC, Visa)

Sonne
Hotel, Restaurant und Café in Muggendorf mit bezaubernd schöner Terrasse zum Kaffeetrinken!
Forchhheimer Str. 2
91346 Muggendorf
Tel. 0 91 96/7 55
Untere Preisklasse

Stern's
Chinarestaurant in den Räumen des altehrwürdigen Posthotels von Streitberg.
Dorfplatz 1
88441 Streitberg
Tel. 0 91 96/5 79
Untere Preisklasse

Einkaufen

Alte Kurhausbrennerei
In der Historischen Pilgerstube in Streitberg werden Edelliköre, Edelbranntweine und Beerenweine zum Verkauf angeboten. Wer die hochgeistige Ware aus heimischer Produktion vorher probieren möchte, kann dies in der gemütlichen Gaststube hinter sich bringen...
Streitberger Berg
88441 Streitberg

Töpferei
Dekorative Töpferwaren mit traditionellem und modernem Design.
Streitberger Berg 3
88441 Streitberg

Service

Auskunft

Verkehrsamt Muggendorf
Marktplatz 1 (Rathaus)
91346 Wiesenttal
Tel. 0 91 96/7 17, Fax 15 57
Mo–Fr 7.30–12; Mai–Okt.
zusätzl. Mo–Fr 13–16 Uhr

Tourist-Information im Bürgerhaus Streitberg
Am Ortseingang
Tel. 0 91 96/3 46
Mitte Mai–Mitte Sept. Mo–Fr 9–12 und Mo, Di, Do, Fr 14–16 Uhr; übrige Zeit Mo–Fr 9.30–12 Uhr

Baden

Freibad in Muggendorf
Schwimmbad mit Kneippanlage am Ortsausgang Richtung Streitberg (nördlich der B 470).
Rosenauweg

Freibad in Streitberg
Schwimmbad mit Bootsverleih am Südufer der Wiesent (östlich von Niederfellendorf).

Fahrradverleih
– Forchheimer Str. 14
91346 Muggendorf
Tel. 0 91 96/4 89 und 16 43
– Schauertal 2
88441 Streitberg
Tel. 0 91 96/2 56

Wandern
Im Muggendorfer Verkehrsamt, das auch geführte Wanderungen anbietet, ist ein Ortsprospekt erhältlich, in dem »10 Wanderungen im Markt Wiesenttal« beschrieben sind: herrliche Touren durch eine bezaubernde Landschaft! Im Durchschnitt 15 km lang; zum Teil nur mit gutem Schuhwerk möglich.

Ausflugsziel Burggaillenreuth ■ D 4

Der kleine Ort über dem Wiesenttal wird vom weißgetünchten Wohnturm der Burg überragt. Die Anlage aus dem 12. Jh. besitzt heute neben dem ehemaligen Bergfried nur noch den alten Kemenatenbau, dessen schmuckes Fachwerk der Burg ein malerisches Aussehen verleiht (Privatbesitz und Pension). Motorradfreaks zieht es ins Motorradmuseum der Burg.

Hotel/Essen und Trinken

Burg-Pension und -Café
Im Fachwerkbau der Burg erwarten die Besucher heute eine Pension und ein Café. Die romantische Umgebung verleiht dem Haus eine besondere Note. Eigene Reithalle und Schwimmbassin für Hausgäste. Räume für Feiern und Seminare in historischem Ambiente. Schöne Terrasse im Hof unter hohen Bäumen. Ausgeschildeter Spazierweg zum Keltenwall.
Burggaillenreuth 5
91320 Ebermannstadt
Tel. 0 92 42/14 30, Fax 71 32
11 Zimmer
Burg-Café Sa und So 14–19 Uhr
Mittlere Preisklasse

Museum

Motorradmuseum
Beachtenswerte Sammlung von Rennmotorrädern und sogenannten Sammelfahrzeugen aus der Zeit von 1920 bis 1980.
Mitte Mai–Mitte Okt. Sa und So 14–18 Uhr

Deutschlands größte Schauhöhle, ein bizarr-romantischer Felsengarten und ein idyllisch gelegener Badesee: all das und mehr birgt der traditionsreiche Ort.

Pottenstein

■ E 4

»Schachspielabend im Gasthaus Hufeisen, Standkonzert der Stadtkapelle und Gästeschießen im Gasthof Mager«: dieser Auszug aus dem Veranstaltungsprogramm des staatlich anerkannten Luftkurortes Pottenstein verrät etwas von der Gemächlichkeit, mit der man in dem traditionsreichen Ort im Herzen der Fränkischen Schweiz zu Werke geht, und von der Gemütlichkeit, auf die man hier großen Wert legt. Beileibe wird hier nicht mit der Flinte auf die Besucher angelegt, wie der Programmteil »Gästeschießen« nahelegen könnte. Im Gegenteil: Der Gast ist hier in Pottenstein König (jährlich über 200 000 Übernachtungen), und neben den oben erwähnten Attraktionen bietet Pottenstein ein Erlebnis der besonderen Art: den Besuch der **Teufelshöhle**, »Deutschlands größter Schauhöhle«, wie es nicht unbescheiden in der Werbung heißt. An der Püttlach ist ein modernes Kurzentrum im Entstehen begriffen.

365 Stufen führen hinter der Pottensteiner Kirche hinauf zur Burg

Hotels und andere Unterkünfte

Goldene Krone
Geschmackvoll eingerichtete Zimmer im jüngst renovierten Gästehaus Reussenmühle. Eigenes Fischwasser im benachbarten Gasthof.
Marktplatz 2
Tel. 0 92 43/2 40
25 Zimmer
Untere Preisklasse

Luisengarten
Idyllischer Landgasthof in der Fischergasse. Der 300jährige Fachwerkbau mit dem typischen Sandstein-Untergeschoß wartet mit gemütlichen Räumen und rustikal eingerichteten Zimmern auf. Anerkannte Vollwertküche.
Fischergasse 17
Tel. und Fax 0 92 43/2 51
10 Zimmer
Untere Preisklasse

Schwan
Neues Ferienhotel am Kurpark. Moderner Zimmer- und Tagungskomfort. Eigenwillig-modernes Tagescafé mit Bistro. Zugang zum neuen Hallenerlebnisbad.
Am Kurzentrum 6
Tel. 0 92 43/98 10, Fax 2 05
24 Zimmer
Mittlere Preisklasse (Amex, EC)

Franken-Charivari
Ausgefallene Ferienwohnung über dem gleichnamigen Andenkengeschäft. Komfortable Einrichtung, idyllischer Garten und herrlicher Blick auf die abends beleuchtete Burg. Das angeschlossene Souvenirgeschäft hat eine große Auswahl. Ein Schwerpunkt im Angebot: Bücher über die Fränkische Schweiz.
Hauptstr. 30
Tel. 0 92 43/3 18, Fax 74 59
Untere Preisklasse

Campingplatz Bärenschlucht
Größter Campingplatz der Fränkischen Schweiz. Idyllisch zwischen Felsen und Fluß gelegen (zwischen Tüchersfeld und Pottenstein). Komfortabler Service mit Einkaufsmöglichkeit und Gaststätte.
Weidmannsgesees 12
Tel. 0 92 43/2 06, Fax 8 80
Ganzjährig geöffnet

Sehenswertes

Burg Pottenstein
Auf steil aufragendem Dolomitgestein thront die Burg über den Dächern der Altstadt. Vermutlich um 1070 durch den Pfalzgraf Botho von Kärnten erbaut, gelangte sie im 12. Jh. an Bamberg, das hier bald darauf eine Amtsburg einrichtete. Im 13. Jh. boten die starken Burgmauern der hl. Elisabeth von Thüringen zwei Jahre lang Zuflucht und Schutz, nachdem sie von der Wartburg fliehen mußte. Die heutigen Bauten stammen überwiegend aus dem 15. und 16. Jh. Sehenswert sind die Vorburg mit dem ehemaligen Vogteihaus von 1693, das zum Teil mit Fachwerk ausgestattete Schütt- und Zeughaus (um 1580) sowie der Palas aus dem 15. Jh. Da die Anlage privat bewohnt wird, ist nur ein kleiner Teil der Innenräume zu besichtigen (unter anderem Rittersaal und Roter Salon mit Ahnengalerie). In der ehemaligen Zehntscheune lohnt sich ein Besuch der Dauerausstellung über das »Zehntwesen im Hochstift Bamberg und Amt Pottenstein«. Hinter der Pottensteiner Kirche führt ein Fußweg mit 365 Stufen hinauf zur Burg.
Mai–Okt. Di–Sa 10–17 Uhr; letzter Einlaß 16.30 Uhr

Kunigundenkirche
Schmucke Rokokokirche des Pottensteiner Baumeisters Ulrich Förtsch. Der Stuckdekor bezeugt den Übergang vom Spätrokoko zum Klassizismus. Sehenswert sind die Skulpturen am Hochaltar.

St. Bartholomäus
Barockisierte Pfarrkirche mit beachtlichen Holzfiguren im Chor aus dem 16. und 17. Jh. sowie Ölberg aus der Zeit um 1510.

Essen und Trinken

Hufeisen
Urige Gastwirtschaft im Herzen der Altstadt. Die hauseigene Brauerei ist optisch in den Gastraum integriert. Alle zwei Wochen freitags »Speisen wie die Rittersleut« mit Feuerspeier, Bauchtanz und Magie. Schöner Biergarten. Selbstgebrautes Urweizen (im »Partyfässla«), Urdunkel und 40%iger Bierschnaps (zum Außerhaus-Verkauf angeboten).
Hauptstr. 38
Tel. 0 92 43/2 60, Fax 74 29
Warme Küche bis 22 Uhr
Untere Preisklasse

Mager
Gegenüber der Burg gelegenes Café mit großem Platzangebot, selbstgemachten Kuchen und gutem Hausgebäck aus der eigenen Konditorei.
Am Siegenberg 4
Tel. 0 92 43/8 08

Wagner-Bräu
Alteingesessenes Haus mit gemütlichen Stuben, darunter die holzvertäfelte Bauernstube aus dem 17. Jh. Zu den fränkischen Gerichten empfiehlt sich das selbstgebraute Bier.
Hauptstr. 1
Tel. 0 92 43/98 10
Warme Küche 17–22 Uhr
Untere Preisklasse

Service

Auskunft

Verkehrsbüro und Kurverwaltung
Beim Rathaus. Neues Gästezentrum mit schönem Aufenthaltsraum, Info-Theke und Bücherei.
Forchheimer Str. 1
91278 Pottenstein
Tel. 0 92 43/7 08 41 und 7 08 42
Fax 7 08 40
Mo–Fr 9–12 und 13–17 Uhr; in der Saison zusätzl. Sa, So 10–12 Uhr

Bürgerhaus
Städtischer Kulturtreff mit Saal und Tages-Café (Mo geschl.); Diavorträge für Urlaubsgäste.
Im Malerwinkel 3
Tel. 0 92 43/7 08 41

Kegeln
Nach Voranmeldung im TSC-Sportheim Pottenstein (Tel. 0 92 43/16 11) oder im Gasthof Bauernschmitt im Ortsteil Kirchenbirkig (Tel. 0 92 43/98 90).

Kurkonzerte
Im Kurpark So 10.30-11.30 Uhr

Kurzentrum
1995 neu errichtetes Zentrum Juramar mit Ozon-Hallenbad (unter anderem mit Kinderbecken, 50-m-Rutsche und Außen-Warmbecken), medizinischer Bäderabteilung, Praxis für physikalische Therapie, Kneippanlagen, Solarium, Dampfbad, Sauna, Massage- und Fußpflegeabteilung, Kosmetikstudio und Arztpraxis. Ferienhotel, Café-Bistro und in unmittelbarer Nähe Minigolf und Freischach.
Am Kurzentrum
Tel. 0 92 43/7 08 51

Wandern
Um Pottenstein erstreckt sich ein 300 km langes Netz von ausgeschilderten Wanderwegen. Im Verkehrsbüro ist ein Wanderpaß erhältlich, in dem die einzelnen Routen beschrieben sind. Im örtlichen Einzelhandel wird eine detaillierte Wanderkarte zum Kauf angeboten.

Ausflugsziele

Hasenlochhöhle ■ E 4

Prähistorische Stätte, ca. 3 km östlich von Pottenstein. Das Große Hasenloch gilt als eine der schönsten Kleinhöhlen in der Fränkischen Schweiz (33 m tief und 8 m breit).

Hohenmirsberg ■ E 3/E 4

Hohenmirsberger Platte (614 m); höchste Erhebung der Fränkischen Schweiz ca. 7 km nördlich von Pottenstein; Aussichtsturm mit Blick über große Teile der Fränkischen Schweiz; Paragliding.

Landschaftsgarten Klumpertal ■ E 4/E 5

Vom Parkplatz unterhalb der **Schüttersmühle** führt ein ca. 4 km langer Wanderweg (»Gelber Strich«) durch das **Klumpertal** nach **Bronn** (evangelische Pfarrkirche mit seltenem spätromanischem Zackenportal aus der Zeit um 1240; Einkehrmöglichkeit im Brauereigasthof Winkler). Größtenteils führt der Weg durch ein Trockental.

Oberes Püttlachtal ■ E 3/E 4

Im Westen des **Lindenhardter Forstes** sammeln sich die Quellwasser der Püttlach, vereinigen sich bei **Moritzreuth** und fließen südwärts nach **Trockau**. Beherrscht wird der Ort von seinem **Schloß**, das noch heute im Besitz der Freiherren Groß von Trockau und daher nicht zu besichtigen ist. Vor die Schaufassade schiebt sich die im Kern noch mittelalterliche **Schloßkapelle**.

Von zahlreichen Wanderwegen begleitet, erreicht die Püttlach schließlich Pottenstein. Sie bildet hier oben einen der schönsten Talabschnitte der Fränkischen Schweiz – kein Wunder, wenn man bedenkt, daß kaum eine Straße das Naturerlebnis trübt. Die Wander-, Wassersport- und Kletterfreunde sind hier unter sich. Steile Felssporne bilden attraktive Kletterwände.

Schloß Kühlenfels ■ E 4/E 5

Von Bäumen umsäumte Anlage ca. 5 km südlich von Pottenstein. Das im Bauernkrieg niedergebrannte Schloß wurde Ende des 18. Jh. restauriert. Zu sehen sind das Hauptgebäude (privat bewohnt) und zwei markante Ecktürme, die vermutlich noch aus dem Mittelalter stammen.

Schöngrundsee ■ E 4

Im Weihersbachtal zwischen Pottenstein (2 km) und Teufelshöhle an der B 470. Schwimmbad mit Bootsbetrieb (Tret- und Ruderboote), Bistro-Café und Kiosk. Idealer Ausgangspunkt für einen Spaziergang zur Teufelshöhle (einfache Strecke 15 Min.).

Teufelshöhle ■ E4

TOPTEN 2

Knapp 3 km südlich von Pottenstein öffnet sich im Weihersbachtal die »Unterwelt« der Fränkischen Schweiz auf spektakuläre Weise. 11 m hoch und 13 m breit weitet sich der Schlund der 1,5 km langen Teufelshöhle, um den jährlich etwa 400 000 Besuchern einen bequemen Eintritt zu verschaffen. **Hexensaal**, **Orgelgrotte**, **Barbarossadom** oder **Nibelungengrotte** sind einige der Stationen innerhalb der Höhle. Das vollständig rekonstruierte Skelett eines Höhlenbären und die streckenweise gespenstische Beleuchtung lassen Schauer aufkommen. Berühmt wurde die Höhle auch wegen ihres besonderen »Höhlenklimas«, weshalb zahlreiche Patienten hier unter Tage ihre Atemwegserkrankungen auskurieren.
Führungen (ca. 1 Std.) April–Okt. tgl. 9–17 Uhr
Die Therapiestation für Atemwegserkrankungen ist von März–Nov. zugänglich.

Tüchersfeld ■ D4

Bei Tüchersfeld bahnt sich die Püttlach ihren Weg durch ein enges, von hohen Felsen eingerahmtes Tal, bevor sie sich mit der Wiesent vereint. Um einen jener steinernen Wächter gruppiert sich der »Judenhof« mit seinen verschiedenen Gebäuden. 1758 errichteten jüdische Siedler auf dem Platz der abgebrannten Unteren Burg eine Wohnanlage, die sie bis zur Auflösung der Gemeinde im Jahre 1872 benutzten. 1978 begann man damit, in dem verlassenen Gemäuer das Fränkische-Schweiz-Museum einzurichten.

Hotels/Essen und Trinken

Zur Einkehr
Ruhig gelegener Pensionsgasthof am Waldrand mit komfortablen Zimmern (Tiere unerwünscht).
Tüchersfeld 1
Tel. 0 92 42/8 09
9 Zimmer
Untere Preisklasse

Zauber der Unterwelt in der Teufelshöhle

Zum Püttlachtal
Malerisch unter einem Felsen gelegener Pensions-Gasthof mit schöner Terrasse und großem Platzangebot. In der urigen Wirtsstube, im lichtdurchfluteten Saal und auf der Sonnenterrasse wird internationale und fränkische Küche serviert.
Tüchersfeld 46
Tel. 0 92 42/2 91, Fax 15 93
18 Zimmer
Untere Preisklasse

Campingplatz »Fränkische Schweiz«
Landschaftlich reizvoll gelegener Platz an der Püttlach. DCC-Vertragsplatz mit separatem Jugendzeltplatz und Gaststätte (Wanderer dürfen hier auch ihre eigenen Speisen verzehren). Eigener »Wohnmobilpark« (Service Station).
Tüchersfeld 57
Tel. 0 92 42/4 40, Fax 10 40

Museum

Fränkische-Schweiz-Museum
Wer sich über die Fränkische Schweiz einen umfassenden Überblick verschaffen möchte, dem sei ein Besuch des Museums im Judenhof empfohlen. Hier wurde alles zusammengetragen und dokumentiert, was über die Geologie und Archäologie der Fränkischen Schweiz von Bedeutung ist. Lokalgeschichtliche Akzente setzt die Historische Ausstellung, und Einblick in die Wirtschafts- und Sozialgeschichte verschaffen Abteilungen wie Wohnen, wirtschaftliches Gerät, Zunftwesen oder Werkstätten. Beachtenswert ist auch die Dokumentation der Geschichte jüdischer Siedler in der Fränkischen Schweiz. Einbezogen wurde hierbei die alte Synagoge aus dem Jahre 1762.
Tel. 0 92 42/16 40
April–Okt. Di–So 10–17 Uhr;
Nov.–März So 13.30–17 Uhr (oder nach Anmeldung)

TOPTEN 7

Umfassende Einblicke in die Geschichte bietet das Fränkische-Schweiz-Museum

Das idyllische Städtchen breitet sich zu Füßen des »Steinernen Beutels« aus, einem markanten Burgfelsen mit bewegter Geschichte!

Waischenfeld

■ D3

Der **Steinerne Beutel**, mittelalterlicher Rundturm und zugleich Wahrzeichen der Stadt, das **Haus des Gastes** mit Bücherei und Leseraum, die **Burgschenke** mit idyllischem Biergarten und Kegelbahn, ein **heimatkundliches Museum** und eine bemerkenswerte Galerie – all dies findet sich auf einem Fleck vereint: auf Burg Waischenfeld, über den Dächern des gleichnamigen Städtchens am Ufer der Wiesent. Schmucke Fachwerkhäuser reihen sich entlang der Hauptstraße dichtgedrängt aneinander.

Mit dem Wiener Bischof Friedrich Grau-Nausea besitzt die Stadt, deren Umgebung schon in der Jungsteinzeit bewohnt war, einen berühmten Sohn (1480–1552). Im spätgotischen, von Grau gestifteten Chor der **Pfarrkirche St. Johannes**, die anstelle der alten Burgkapelle erbaut wurde, haben die Waischenfelder dem Sohn eines hiesigen Wagners ein Denkmal gesetzt.

Mittelalterliches Wahrzeichen von Burg Waischenfeld ist der »Steinerne Beutel«

Waischenfeld und die Kunst

Der Freiheitsdichter **Ernst Moritz Arndt** (1769–1860) legte 1798 auf seiner Reise von Bayreuth nach Erlangen in Waischenfeld Station ein und verbrachte eine Nacht im Försterschen Gasthaus, heute »Zum Roten Roß«, ein 1692 erbauter stattlicher Fachwerkbau am Marktplatz. Arndt stellte den Waischenfeldern jener Zeit allerdings kein gutes Zeugnis aus: »...das Städtchen ist schmutzig und unlieblich, obwohl es eine stattliche Kirche und zwei Kapellen hat.« Nur 40 Jahre später kommt ein Künstlerkollege zu einem ganz anderen Urteil. Im Gasthof Zur Post nächtigte 1837 der berühmte Maler **Ludwig Richter** aus Dresden (1803–1884). »Wieviel Liebliches und Schönes ich hier finde«, schreibt er in sein Tagebuch, »kann ich gar nicht sagen. Die Wirtsstube, ihre Gerätschaften, das interessante Volk, Sprache und Tracht, die ganze Gegend Schritt vor Schritt, gibt mir Interessantes, ja Bilder, und zwar in einem Charakter, wie ich ihn immer zu finden wünschte. Meinem Leibe geschieht auch kein Abbruch, das köstliche Bier (der Krug zwei Kreuzer oder sechs Pfennige), die ganz ausgezeichneten Forellen von der Größe kleiner Karpfen, und alles, was noch drum und dran hängt, ergötzen meinen Magen ebenso, als meine Seele sich glücklich und gehoben fühlt im Anschauen einer so wunderschönen Natur.« Von dem Illustrator der Grimmschen Hausmärchen stammen einige schöne Zeichnungen aus der Fränkischen Schweiz, die er wandernd durchstreifte.

Von den zahlreichen Ausflugszielen in der Umgebung von Waischenfeld zeichnet sich die »Pulvermühle« durch einen besonderen Umstand aus: Hier tagte 1967 zum letzten Mal die legendäre **Gruppe 47**, jene für die Nachkriegszeit so bedeutende Vereinigung von Schriftstellern und Kritikern. 1947 war sie auf Initiative von **Hans Werner Richter** entstanden. Schon bald entwickelte sie sich zu dem bedeutendsten Forum der deutschen Nachkriegsliteratur, einschließlich des Verlagswesens. Ideologische Querelen bereiteten der Gruppe, zu der so namhafte Autoren wie Günter Grass oder Peter Handke und Kritiker wie Fritz J. Raddatz oder Marcel Reich-Ranicki gehörten, den Garaus – am Vorabend der Studentenbewegung von 1968, im Ambiente eines altehrwürdigen Mühlengasthauses der Fränkischen Schweiz.

Fliegenfischen

Waischenfeld rühmt sich als »das Fliegenfischer-Zentrum« schlechthin und die »Expert-Fliegenfischer-Schule« als die »Nr. 1 in Deutschland« (→ Service, Angeln). Der mehrfache Deutsche Meister im Ziel- und Weitwurf unterrichtet in dieser besonderen Kunst des Angelns, und am letzten Oktoberwochenende trifft sich die internationale Fliegenfischer-Garde im Gasthof Pulvermühle.

Hotels und andere Unterkünfte

Jöbstel
Etwas außerhalb im Grünen gelegene Pension mit Restaurant und Café. Gepflegte Außenanlagen mit Terrasse und Liegewiese. Anspruchsvolle Küche.
Harletzsteiner Weg 178
Tel. 0 92 09/2 40, Fax 16 28
10 Zimmer
Mittlere Preisklasse

Zur Post
Erstes Haus am Platz mit Stammhaus und zwei Bettenhäusern in unmittelbarer Nähe. Komfortabel eingerichtete Zimmer. Internationale Küche, hausgemachte Pizza und Fisch aus eigener Aufzucht.
Marktplatz 108
Tel. 0 92 09/98 00, Fax 98 01 00
166 Zimmer
Mittlere Preisklasse

Rabeneck
Im Grünen gelegene Waldpension mit Restaurant und Café.
Rabeneck 27
Tel. 0 92 02/2 20, Fax 17 28
Untere Preisklasse

Campingplatz Steinerner Beutel
Am Ufer der Wiesent mit Restauration, Kinderspielplatz, Zugang zum benachbarten Freibad (beheizt, mit Kneippanlage).
Hauptstr. 205
Tel. 0 92 02/3 59

Jugendzeltplatz Waldruhe
Eichenbirkig 34 (bei Burg Rabeneck)
Tel. 0 92 02/8 73, Fax 14 77

Sehenswertes

Burg und Steinerner Beutel
Von der um 1100 erbauten Burg des Ortsadeligen Wirint de Wischenvelt steht heute nur noch ein massiver Rundturm, den die Waischenfelder **Steinerner Beutel** nennen und der als Wahrzeichen der Stadt gilt. Der kurze Fußweg zu dem markanten Turm lohnt wegen der herrlichen Aussicht auf Waischenfeld und das Wiesenttal.

Vom **Alten Haus**, dem Wohnbau der Waischenfelder und Schlüsselberger Ritteradeligen, ist heute im Gelände nur noch das Fundament zu erkennen. Der langgestreckte zweiflügelige Bau, auch **Langes Haus** genannt (heute **Haus des Gastes**), stammt größtenteils aus dem 18. Jh. Die zu ihrer Zeit weitläufige Anlage mit Hauptburg und mehreren Nebenburgen wurde bereits im 14. Jh. mit der Stadt zu einem ummauerten Befestigungsring verbunden.

Museum

Heimatmuseum
Handwerkliche Geräte im Haus des Gastes (Dachgeschoß), Burg Waischenfeld.
Tgl. 10–18 Uhr; Nov.–April Di geschl.

Essen und Trinken

Burgschänke
Kaffee, Kuchen und kleine Gerichte. Mittwochs Grillspezialitäten und Salatbuffet. Der große schattige Biergarten mit Bühne wird auch für Rockkonzerte und Theateraufführungen der Gangolfbühne genutzt.
Burg Waischenfeld
Tel. 0 92 02/6 36
Tgl. 11–22 Uhr; Nov.–April Di geschl.

Pulvermühle
Idyllisch gelegenes Ausflugslokal mit literarischer Vergangenheit. Restaurant, Terrassencafé und moderne Fremdenzimmer; Angelkartenausgabe.
Pulvermühle 34
Tel. 0 92 02/10 44, Fax 10 46
Mittlere Preisklasse

Service

Auskunft

Städtisches Verkehrsamt
Marktplatz 58
91344 Waischenfeld
Tel. 0 92 02/15 48 und 10 88
Fax 15 71
Mai–Okt. Mo–Fr 8–12 und 13–17, Sa 10–12 Uhr (in der Saison)

Angeln
Fliegenfischerschule
Tel. 0 92 02/2 52 oder 14 99

Bootsverleih
Tel. 0 91 97/10 15 (ab 20 Uhr)

Ausflugsziele

Burg Rabeneck ■ D 3

Vorbei an der **Pulvermühle** liegt auf halber Strecke in Richtung Doos Burg Rabeneck. Die im 13. Jh. erbaute Veste der Waischenfelder Ministerialen von Rabenstein thront auf steilem Felsen über dem Tal der Wiesent. Im Bauernkrieg wurde sie von Aufständischen geschleift. Geblieben sind die Kemenate, das Schütthaus, die Schloßkapelle und das Torhaus. Sie bilden eine noch heute imposante Anlage. Hier wird an Ostern und Pfingsten sowie zur Kirchweih (letztes Augustwochenende) nach ritterlicher Manier getafelt, getagt und gefeiert. Bis zu 200 Personen können sich ein feudales Spektakel mit Ritterkampf und Ritterschmaus in zünftigem Gewande und bei mittelalterlicher Musik zugute kommen lassen, gegen Bezahlung in heutiger Währung und vorheriger Reservierung, versteht sich. Die »turniergeschädigten« Helden finden in bequemen Betten ihre verdiente Ruhe.
Rabeneck 22
91344 Waischenfeld
Tel. und Fax 0 92 02/5 65
3 Zimmer
Mittlere Preisklasse
Burgbesichtigung (nur bei schönem Wetter) So 13–18 Uhr

Lochau- und Truppachtal ■ E 2/D 3

Vom Norden her mündet die Lochau und von Osten kommend die Truppach bei Plankenfels in die Wiesent. Sie bilden zwei kleine, anmutige Täler, in denen **Schönfeld**, **Obernsees** und **Truppach** mit einigen Sehenswürdigkeiten aufwarten. **Mistelgau** und **Glashütten** liegen zwar an der Peripherie des Truppachtales, sollen aber wegen ihrer reizvollen, abgeschiedenen Lage im **Hummelgau** dennoch hier als Ausflugsziel mitgenannt werden.

Die **Mistelgauer Kirche** überrascht durch ihre barocke Ausstattung. Namhafte Künstler wie Johann David Räntz und Johann Caspar Fischer haben hier ihre Visitenkarte hinterlassen. Das Mistelgauer Gotteshaus beeindruckt nicht nur durch seinen ausgefallenen Kirchturm im historisierenden Stil, sondern auch durch seine prachtvolle Barockeinrichtung auf engstem Raum.

Die **Heiligkreuzkirche** in Schönfeld birgt am Hochaltar aus dem 17. Jh. zwei sehenswerte spätgotische Figuren des hl. Heinrich und der hl. Kunigunde, was die Zugehörigkeit Schönfelds zu Bamberg verrät. In **Obernsees** lohnt ein kleiner Ausflug von der **Kirche** (wuchtiger Sandsteinbau mit dekorativem Portal) in Richtung Friedhof. Auf halbem Weg versteckt sich zwischen hohen Bäumen ein wunderschöner kleiner **Barockgarten**, der zum Verweilen und zur inneren Einkehr animiert.

Das ehemalige **Schloß in Truppach** hat eine wechselvolle Geschichte hinter sich. Vom Ortsadel über die Herren von Aufseß bis hin zu den Markgrafen von Brandenburg-Bayreuth reicht die illustre Liste der Schloßherren. Der massiv wirkende Bau mit seinen markanten Ecktürmen (um 1800) gehört heute zu einem Bauernhof!

Hotels/Essen und Trinken

Opel's Landgasthof
Alteingesessenes Haus am Platz (noch immer in Familienbesitz). Großer Biergarten im Grünen, mit Bühne und Scheunenbar für Musikfeste (Country, Volksmusik). Immer frische Lebensmittel vom eigenen Geschäft auf der gegenüberliegenden Straßenseite. Fremdenzimmer.
Bayreuther Str. 21
95496 Glashütten
Tel. 0 92 79/3 90, Fax 85 31
Mo nachmittags und Di geschl.
Untere Preisklasse

Schönfelder Hof
Idealer Stützpunkt für Wanderungen in der Region. Fränkische Gerichte und deftige Brotzeiten (Hausschlachtung), Fremdenzimmer und Biergarten.
96142 Schönfeld 2
Tel. 0 92 06/2 77
Mo geschl.
Untere Preisklasse

Wanderung im Truppachtal

Service

Auskunft

Gemeindeverwaltung Glashütten
Tel. 0 92 79/4 67

Plankenfels ■ D 3

Wo die Lochau und die Truppach in die Wiesent einmünden, haben sich bereits im 13. Jh. die Herren von Plankenstein und kurz darauf die Edlen von Plankenfels niedergelassen. Beide Adelsfamilien errichteten auf markanten Felskuppen je eine Wohnburg, keine 1500 m voneinander entfernt. Die **Veste Plankenstein** wurde 1525 von aufständischen Bauern dem Erdboden gleichgemacht, wiederaufgebaut und im Dreißigjährigen Krieg abermals niedergebrannt. Bis heute »überlebte« sie nur als Ruine (in Privatbesitz), während die **Burg Plankenfels** im 16. und 18. Jh. wieder neu errichtet wurde. Den First des älteren Nordtraktes ziert ein kleiner Dachreiter mit Glocke. Auch Plankenfels kann nicht besichtigt werden.

Heute ist Plankenfels als ruhiger Urlaubsort besonders bei den Wanderern beliebt, die in einer der zahlreichen Pensionen ihr Quartier aufschlagen. Vom Plankenstein (481 m) genießt man einen herrlichen Ausblick in die drei Täler von Wiesent, Lochau und Truppach.

Hotels und andere Unterkünfte

Zum Goldenen Lamm
Ländlicher Gasthof mit eigener Metzgerei und Angelmöglichkeit für Gäste.
Hauptstr. 9
Tel. 0 92 04/2 57
3 Zimmer
Untere Preisklasse

Haus Plankenstein
Ferienhaus am Waldrand mit fünf Wohnungen für zwei bis vier Personen.
Plankensteiner Weg 27
Tel. 0 92 04/2 35
Untere Preisklasse

Service

Auskunft

Gemeindeamt Plankenfels
95515 Plankenfels
Tel. 0 92 04/2 92 und 2 25

Zeubachtal ■ D 3

Von Waischenfeld empfiehlt sich eine Wanderung über Nankendorf und vorbei an zahlreichen Kreuzsteinen, Martern und Kleinkapellen ins Tal der Zeubach. Der 17 km lange Rundweg führt zunächst entlang des Wiesenttals (»Gelber Strich«) nach **Nankendorf**, dessen **Pfarrkirche** einst von einem eindrucksvollen Befestigungsring umgeben war.

Über **Löhlitz** führt der Weg nach **Neusig** im Zeubachtal (»Gelbes Kreuz«), wo beim »Alten Fritz« eingekehrt werden kann. Über die **Einöde »Ziegelei«** bei Kugelau gelangt man schließlich nach **Zeubach**, von wo aus ein abwechslungsreicher Höhenweg zurück nach Waischenfeld führt.

Essen und Trinken

Polsterbräu
Geschmackvoll renovierter Landgasthof mit großem Platzangebot und guter fränkischer Küche. Zu empfehlen sind die Forellengerichte!
91344 Nankendorf 45
Tel. 0 92 04/3 81
Do geschl.
Untere Preisklasse

Die Fränkische Schweiz erschließt man am besten zu Fuß. Das ausgedehnte Netz an gutmarkierten Wanderwegen läßt keine Wünsche offen.

Auf »Schusters Rappen« lernt man die Fränkische Schweiz am besten kennen. Nur wer die Täler und Höhen links und rechts der Wiesent wandernd durchstreift, kann den Zauber dieser Landschaft, das Wechselspiel von Licht und Farbe, die Harmonie aus dem gelbschimmernden Stein der Dolomitfelsen, dem Blau der Flüsse und dem Grün der bewaldeten Talhänge in vollen Zügen genießen. »O die Natur ist doch an Schönheit unerschöpflich. Hier ist es der wahre Genuß«, lobte Wilhelm Heinrich Wackenroder das »Muggendorfer Gebirg« im Jahre 1793.

Die folgenden vier Fußwanderungen im Herzen der Fränkischen Schweiz sind mit gutem Schuhwerk für jedermann gehbar. Die Routen bemessen im Schnitt 13 Kilometer und sind (ohne Pausen) in ca. vier Stunden zu bewältigen.

Die Tourismuszentrale in Ebermannstadt gibt ein empfehlenswertes Radwandermagazin heraus. Darin sind 17 Fahrradtouren beschrieben und mit den entsprechenden Markierungen in einer Karte eingezeichnet. Es handelt sich bei den Vorschlägen durchweg um Touren mit leichten, mittleren und schweren Steigungen, die dem routinierten Alltagsfahrer keine besonderen Schwierigkeiten bereiten dürften.

Alle interessanten Orte entlang der beschriebenen Touren sind im Kapitel »Sehenswerte Orte und Ausflugsziele« ausführlicher beschrieben.

Auf dem Walberla muß man gewesen sein

Von Muggendorf zur Burg Neideck

Vom Muggendorfer Verkehrsamt führt der Weg über die **Wiesentbrücke** im Westen durch den Wald hinauf zur **Ruine Neideck** (Markierung »Rotes Kreuz«). Von der mittelalterlichen Burg sind noch Mauerreste, Rundbastionen und der über dem Tal thronende **Bergfried** (nicht zugänglich) erhalten.

Von der Ruine aus führt der Dr. Hellmut-Kunstmann-Weg (»Roter Ring«; zunächst in Richtung Ebermannstadt, dann zum Schwimmbad) über die Wiesent nach Streitberg hinein. Lohnenswert ist unterhalb der Ruine ein Abstecher zur **Grotte Neideck** (ausgeschildert), einem bizarren und zugleich faszinierenden Höhlensystem (ca. zehn Minuten auf steilem, rutschigem Waldpfad).

Von **Streitberg** gelangt man zur **Binghöhle** und von dort nach kurzem Anstieg zur **Ruine Streitburg**. Auch hier sind noch wuchtige Mauern erhalten. Vom Burgtor aus zweigt nach ca. 30 Metern rechts der Weg zur kunstvoll eingefaßten **Muschelquelle** ab (»Roter Ring«; nach ca. 15 Minuten die Hauptstraße überqueren, kurz rechts und dann gleich wieder links in den Wald). Dort finden sich Ruhebänke, ein Kneipp-Tretbecken und ein Kinderspielplatz! Oberhalb der Quelle folgt man durch den Wald dem Talweg nach **Muggendorf** (»Grünes Kreuz«). Ca. 500 Meter östlich der Quelle zweigt der Höhenweg ab (»Roter senkrechter Strich«), der nach Muggendorf führt.

Länge: ca. 14 km
Dauer: ca. 3–4 Std.
Karte: → S. 117

Von Gößweinstein nach Pottenstein

Am Gößweinsteiner Freibad führt ein steiler Pfad durch den Wald hinauf zum **Sieghardtsfels** (ausgeschildert), von dessen begehbarer Plattform aus sich Gößweinsteins Burg und Basilika von ihrer schönsten Seite zeigen. An der Straße zunächst links (»Roter Punkt«) und dann rechts (»Schwarzer Punkt«) nach **Hühnerloh** (kleine, bezaubernde Marienkapelle, Einkehr und herrlicher Blick von dem Ort hinunter ins Püttlachtal). Durch den Wald führt der Weg (»Blauer senkrechter Strich«) hinunter nach **Pottenstein**. Rückweg entlang der **Püttlach** (am Ortseingang unterhalb der Kreuzkapelle links in den Wald; Markierung »Rotes Kreuz«) nach **Tüchersfeld**. Nach einer Rast am Campingplatz Fränkische Schweiz (Wanderer zur Brotzeit willkommen) zweigt der Weg nach ca. 500 Metern links ab und zurück nach Gößweinstein (»Roter Punkt«).

Länge: ca. 12 km
Dauer: ca. 3–4 Std.
Karte: → S. 117

Durch das Schottertal nach Engelhardsberg

TopTen 9

Riesenburg, Adlerstein und Quackenschloß sind die wohlklingenden Stationen dieser ausgedehnten Rundwanderung. Neben dem **Verkehrsamt Behringersmühle** führt der Weg mit der Markierung »Gelbe Raute« nach kurzem, aber steilem Anstieg hinauf auf den **Schweigelberg**. Nach dem Verlassen des Waldes bietet sich in rückwärtiger Richtung ein bestechend schöner Blick auf die Burg und die Basilika von Gößweinstein.

Im »Forsthaus« empfiehlt sich eine erste Einkehr. Frische Waldluft tankt man dann auf dem Weg zur Schottersmühle (auf die Markierung »Gelbe Raute« achten, wenn man ca. 150 Meter nach dem Forsthaus die Forststraße nach links den Berg hinunter verlassen muß! Das Schild ist verdeckt und daher nur schwer zu erkennen).

Der Weg hinunter ins **Schottertal** ist steil und zuweilen rutschig. Dafür wird man am östlichen Ufer der Wiesent mit einer herrlichen Wanderung entlang des rauschenden Flüßchens entlohnt. Die urige Stube der **Schottersmühle** oder der schattige Biergarten vor dem Gasthof laden zum Verweilen ein. Nach ca. 800 Metern wird der Fluß beim **Wasserhaus** überquert, und man biegt links in die Straße Behringersmühle-Doos ein. Nur wenige Meter weiter zweigt rechts ein steiler Waldpfad ab, der zur **Riesenburg** führt (»Gelber Ring«), einer beeindruckenden Versturzhöhle mit faszinierenden Ein- und Ausblicken! Ca. 100 Meter oberhalb der Höhle kann man sich für einen kürzeren, steilen (»Roter Ring«) oder einen längeren, nicht ganz so mühsamen Weg (»Gelber Ring«) nach **Engelhardsberg** entscheiden.

Von Engelhardsberg (Einkehrmöglichkeit vorhanden) führt der Weg (»Gelber Ring«) vom Ortsausgang nach ca. 700 Metern zum **Adlerstein**, einem mächtigen Dolomitfelsen mit begehbarer Plattform (gute Fernsicht!). Nach weiteren 500 Metern durch den Wald folgt der nächste Paukenschlag: das **Quackenschloß**. Die im Wald wie ein Amphitheater angeordnete Felsengruppe birgt einen Höhlentunnel von beeindruckender Größe.

Auf angenehm gehbarem Weg geht es bergab durch den Wald, bis nach ca. einem Kilometer links ein Pfad (»Grüner Strich«) zur Wanderbrücke an der Wiesent hinunterführt. Fluß und Bahngleise werden überquert. Nach links führt der Leo-Jobst-Weg (»Rotes Kreuz«; zum Teil Waldlehrpfad) entlang der Wiesent über die **Sachsenmühle** (Einkehr) und die **Stempfermühle** (Einkehr) zurück nach Behringersmühle. Lohnenswert ist ein Abstecher (ausgeschildert) hinauf nach **Burggaillenreuth**.

Länge: ca. 14 km
Dauer: ca. 3–4 Std.
Karte: → S. 117

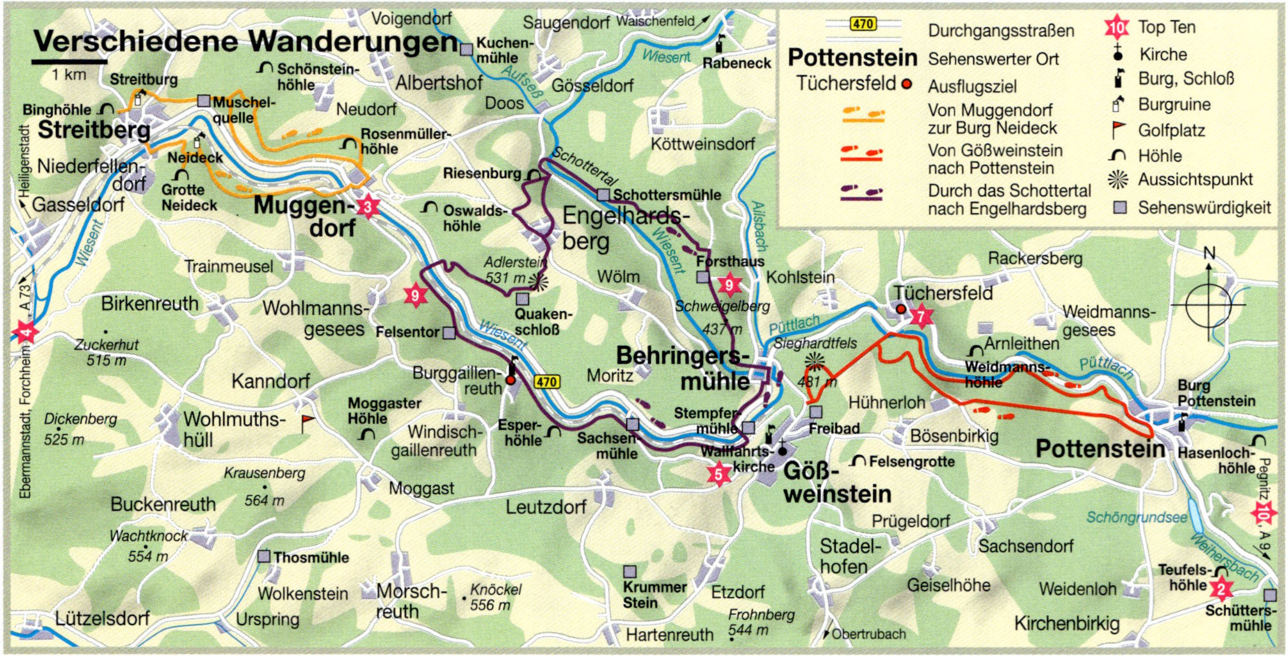

Verschiedene Wanderungen
1 km
470 Durchgangsstraßen
Pottenstein Sehenswerter Ort
Tüchersfeld Ausflugsziel
Von Muggendorf zur Burg Neideck
Von Gößweinstein nach Pottenstein
Durch das Schottertal nach Engelhardsberg
Top Ten
Kirche
Burg, Schloß
Burgruine
Golfplatz
Höhle
Aussichtspunkt
Sehenswürdigkeit
Voigendorf
Saugendorf
Waischenfeld
Kuchen-mühle
Rabeneck
Wiesent
Aufseß
Schönstein-höhle
Albertshof
Gösseldorf
Streitburg
Binghöhle
Muschel-quelle
Neudorf
Doos
Streitberg
Heiligenstadt
Neideck
Rosenmüller-höhle
Köttweinsdorf
Niederfellen-dorf
Grotte Neideck
Riesenburg
Schottertal
Schottersmühle
Gasseldorf
Muggen-dorf
Oswalds-höhle
Engelhards-berg
Ailsbach
Trainmeusel
Adlerstein 531 m
Forsthaus
Wölm
Kohlstein
Rackersberg
Birkenreuth
Wohlmanns-gesees
Quaken-schloß
Schweigelberg 437 m
Tüchersfeld
Weidmanns-gesees
A 73
Zuckerhut 515 m
Felsentor
Püttlach
Sieghardtfels
Arnleithen
Behringers-mühle
Weidmanns-höhle
Kanndorf
Burggaillen-reuth
Moritz
481 m
Hühnerloh
Burg Pottenstein
Ebermannstadt, Forchheim
Moggaster Höhle
Stempfer-mühle
Freibad
Dickenberg 525 m
Wohlmuths-hüll
Windisch-gaillenreuth
Esper-höhle
Sachsen-mühle
Bösenbirkig
Pottenstein
Wallfahrts-kirche
Felsengrotte
Hasenloch-höhle
Gößweinstein
Krausenberg 564 m
Moggast
Pegnitz
Buckenreuth
Leutzdorf
Prügeldorf
Schöngrundsee
A 9
Wachtknock 554 m
Thosmühle
Stadel-hofen
Sachsendorf
Weihersbach
Teufels-höhle
Wolkenstein
Morsch-reuth
Knöckel 556 m
Krummer Stein
Etzdorf
Geiselhöhe
Weidenloh
Lützelsdorf
Urspring
Frohnberg 544 m
Hartenreuth
Obertrubach
Kirchenbirkig
Schütters-mühle

Von Egloffstein nach Bärnfels

Vom Parkplatz beim **Verkehrsamt Egloffstein** führt der Weg hinter der Bäckerei Wirth über die Trubach und hinaus nach **Hammerbühl** («Gelbes Kreuz«). Im Ort verläuft der Wanderweg (»Blauer Strich«) zwischen Backhaus Wirth und Hammermühle nach **Untertrubach** (Einkehr im »Kerchalöchla«; Mo geschl.). Entlang der Trubach gelangt man nach **Wolfsberg** (Burg von 1165; 1809 abgetragen) und von dort am Talrand entlang zur **Reichelsmühle** (Einkehr). Vorbei am **Richard-Wagner-Felsen** (für Kletterer) und am Restaurant Treiber führt der Weg über die Ziegelmühle (1383), die Schlöttermühle (1504) und die Hackermühle (1547) in den gepflegten Ausflugsort **Obertrubach**. Beim Rathaus (Tourist-Information, Bushaltestelle) folgen wir rechter Hand der Straße nach Gößweinstein bis zum Wanderparkplatz, wo wiederum rechts ein idyllischer Wanderweg durch das Gründleinstal nach **Bärnfels** abzweigt (»Grüne Raute«), das man nach ca. 1,5 Kilometern bequem erreicht (Einkehr).

Am Ortsausgang folgt man der Markierung »Roter Punkt« in Richtung **Signalstein**, ein abwechslungsreicher Weg durch Wald, Feld und Wiese. Vorsicht: schlechte Markierung! Über die erste Straße (Obertrubach–Geschwand) hinweg; an der zweiten Straße rechts und nach ca. 100 Metern wieder links auf die Straße nach Wolfsberg. Nach weiteren 100 Metern rechts in den Wald hinein (»Roter Ring«) bergan zum Signalstein (ausgeschildert; begehbarer Felsen mit Aussichtsplattform). Unterhalb des Felsens zurück bis zur Holzlege. Danach links (»Gelbes Kreuz«) und an der Straße nochmals links nach **Sorg**, wo der Wanderweg vor der Bushaltestelle rechts abzweigt (Markierung verdeckt) und vorbei an Obstbäumen auf eine Lichtung führt (links am Waldrand entlang und dann querfeldein dem demolierten Schild mit der Nummer »5« folgen; die Wegemarkierung »Gelbes Kreuz« taucht dann nach ca. 50 Metern wieder auf!). In **Hammerbühl** führt der Weg rechts zur Straße (Egloffstein–Geschwand) hinunter, in die wir links einbiegen, um sie noch vor der Kreuzung wieder rechts in Richtung Stadtmitte zu verlassen (bis zum Verkehrsamt zurück ausgeschildert mit »Gelbem Kreuz«).

Länge: ca. 12 km
Dauer: ca. 3–4 Std.
Karte: → S. 118

Von Pretzfeld nach Obertrubach

Wer mit Kindern entlang der Flußtäler radeln möchte, ohne größere Höhenunterschiede überwinden zu müssen, dem sei folgender Tourenvorschlag empfohlen.

Vom Kirschenzentrum **Pretzfeld** startet man am besten im Mai, wenn die Obstbäume in voller Blüte stehen, oder im September, wenn das Laub eine bunte Kulisse entlang der Trubach bildet. Über **Wannbach** und **Unterzaunsbach** folgt man dem Fluß entgegen der Fließrichtung bis **Egloffstein**, dem kulturellen Höhepunkt der Halbtages-Radtour. Zu sehen gibt es hier nicht nur die Burg mit der schönen Barockkirche. Auch der Ort selbst, der sich idyllisch an den südlichen Talhang der Trubach schmiegt, ist sehenswert. Beste Einkehrmöglichkeiten sorgen für das leibliche Wohl. Vorbei an steil aufragenden Kletterfelsen und zahlreichen Mühlen führt der Weg über **Wolfsberg** nach **Obertrubach**, wo mehrere Gasthäuser und Cafés auf Wanderer und Radler bestens eingestellt sind. Auf dem Rückweg erschließt sich das Naturspektakel von Fluß, Felsen und Wäldern aufs neue.

Länge: ca. 35 km
Dauer: ca. 1/2 Tag
Karte: → Klappe vorne

Auskunft

Alle Fäden des Fremdenverkehrs laufen in der Fränkischen Schweiz bei der Tourismuszentrale in Ebermannstadt zusammen. In dem Neubau am Rande der Altstadt hat auch der »Fränkische-Schweiz-Verein« seinen Hauptsitz. In den größeren Orten versorgen die Verkehrsämter den Bedarf vor Ort (→ Service bei den einzelnen Orten). In der Tourismuszentrale und in den örtlichen Verkehrsämtern ist der ausführliche und reichlich bebilderte »Urlaubsberater« erhältlich (Unterkünfte, Tips und Adressen).

Tourismuszentrale Fränkische Schweiz
Oberes Tor 1
91320 Ebermannstadt
Tel. 0 91 94/79 77 79, Fax 79 77 76

Fränkische-Schweiz-Verein e.V.
Wer ständig über das Geschehen in der Region informiert sein will, dem empfiehlt sich eine Mitgliedschaft im »Fränkische-Schweiz-Verein«, dessen Vereinsorgan viermal im Jahr als umfangreiche und gutrecherchierte Broschüre erscheint.
In Morschreuth betreibt der Verein eine Lehrstätte für bäuerliche und Hinterglasmalerei sowie für Volkstanz.
Oberes Tor 1
91320 Ebermannstadt
Tel. 0 91 94/14 33

Erlebnis-Paß

Bei allen Verkehrsämtern ist der »Erlebnis-Paß« erhältlich. Es handelt sich um eine Vergünstigung beim Eintritt in Burgen, Museen und Freizeitparks oder beim Besuch von Freizeiteinrichtungen und Veranstaltungen.

Grillplätze

Das waldreiche Gebiet der Fränkischen Schweiz ist besonders in den trockenen Sommermonaten der Brandgefahr ausgesetzt. Deshalb sollte nur an den öffentlich ausgewiesenen Grillplätzen der örtlichen Fremdenverkehrsvereine offenes Feuer angefacht werden, wie zum Beispiel in Kirchahorn (Ludwigshöhle), Obernsees (Knockhütte) oder Morschreuth. Adressen und Telefonnummern zum Anmelden finden sich im Urlaubsberater der Tourismuszentrale Fränkische Schweiz.

Kleidung

Für das Wandern in der Fränkischen Schweiz empfehlen sich in jedem Falle festes Schuhwerk und Ersatzkleidung im Falle eines unvorhergesehenen Regenschauers. In den Schauhöhlen ist es teilweise bitterkalt, so daß ein warmer Pullover auch im Sommer eingepackt werden sollte. Beim Besuch der Kirchen, insbesondere der Wallfahrtsbasilika in Gößweinstein, sollte man/frau darauf achten, nicht allzu leger oder offenherzig herumzulaufen.

Trachten

Die Fränkische Schweiz ist bekannt für ihre Trachtenvielfalt. Im Fränkische-Schweiz-Museum von Tüchersfeld und in den örtlichen Heimatmuseen (Ebermannstadt und andere) wird die regionale Trachtenkultur vorbildlich dokumentiert. Der Fränkische-Schweiz-Verein hat dazu auch ein Sonderheft herausgegeben (Nr. 3/94; erhältlich in der Tourismuszentrale).

Hier läßt sich der Alltag vergessen

Vor ca. 70 000 Jahren
Aus der Steinzeit finden sich in den zahlreichen Höhlen der Fränkischen Schweiz Spuren erster Höhlenbewohner, wie zum Beispiel im Großen Hasenloch bei Pottenstein, wo sich bereits in der Würmeiszeit Neandertaler des Typs Moustérien aufhalten.

2000 bis 15 v. Chr.
Vom Ende der Jungsteinzeit bis etwa zum Beginn unserer Zeitrechnung (Bronze- und Eisenzeit) lassen sich an den fischreichen Flüssen zahlreiche Siedler nieder. So zeugt noch heute der Druidenhain ca. 500 m südlich von Wohlmannsgesees von den Kelten. Auch die Ehrenbürg (»Walberla«) war nachweislich von keltischen Siedlern aufgesucht worden.

4. bis 8. Jh. n. Chr.
Elbgermanen und Slawen lassen sich nach der Völkerwanderung in der Region nieder. Im 7. und 8. Jh. dringen die Franken vom Westen her vor und gründen mit Forchheim und Königsfeld bedeutende Königshöfe im Osten ihres Reiches. Die heutige Fränkische Schweiz gehörte zum Radenzgau (links und rechts der Regnitz).

9. Jh.
Die Christianisierung schreitet voran. Erste Kirchengemeinden entstehen in Hollfeld, Obertrubach und Hohenmirsberg. Vor allem die Martinskirche von Forchheim zählt zu den bedeutendsten frühgeschichtlichen Sakralbauten Frankens. Unter den Karolingern werden auch die Slawen »missioniert«.

10. Jh.
Erste Ortsadelige gelangen auf Grund ihrer Dienste für das Königshaus zu Macht und Reichtum.
Zu den bedeutendsten Adelsgeschlechtern gehören die Schlüsselberger. Sie lassen die ersten Burgen im strategisch bedeutsamen Wiesenttal errichten.

1007
Mit der Gründung des Bistums Bamberg durch Kaiser Heinrich II. gewinnt die ganze Region an Bedeutung.

11. bis 14. Jh.
Im 11. Jh. entsteht zwischen dem Klerus und dem Adel ein unerbittlicher Kampf um Einfluß und Abgaben. Nach dem Aussterben der mächtigen Schlüsselberger im Jahre 1347 fallen deren Grundherrschaften an das Bistum Bamberg und an die Nürnberger Burggrafen.

15. bis 17. Jh.
1415 werden die Zollerschen Burggrafen mit der Mark Brandenburg belehnt. Eine der beiden Linien erhält das sogenannte Oberland, das »Land oberhalb des Gebirgs«, mit den Herrschaften Bayreuth und Kulmbach (im »Unterland« herrschen die Markgrafen von Brandenburg-Ansbach). In den beiden »Markgrafenkriegen«, einer schier unendlichen Fehde zwischen der Reichsstadt Nürnberg und den machthungrigen Zollern, erleiden das Land und seine Bevölkerung im 15. und 16. Jh. großen Schaden. Nahezu die Hälfte der knapp 200 Burgen und Schlösser werden zerstört. Reformation, Bauernkrieg und Dreißigjähriger Krieg verschärfen die Fronten zwischen den bambergisch-katholischen und den markgräflich-protestantischen Einflußgebieten. Die Bevölkerung sucht in trutzigen Wehrkirchenburgen Zuflucht. Zahlreiche Adelsfamilien werden in diesen Kämpfen zerrieben. Nur wenige überleben, wie etwa die Freiherren von Aufseß.

18. Jh.
Das »Muggendorfer Gebirg« wird von den Naturforschern und Romantikern entdeckt.

1799
Von Berlin aus regiert Minister von Hardenberg die beiden einst selbständigen Fürstentümer Brandenburg-Ansbach und Brandenburg-Bayreuth, nachdem der letzte Markgraf, Alexander, die beiden Territorien an Preußen verkauft hatte.

1806
Mit dem Ende des »Heiligen Römischen Reiches Deutscher Nation« kommt die Region zum neugegründeten Königreich Bayern. Besonders die ehemals fürstbischöfliche Metropole Bamberg leidet unter den Folgen der Säkularisation.

1807
Die Provinz Bayreuth wird französisch, nachdem sie bereits 1806 von der französischen Armee besetzt worden war.

1814
Anläßlich des Jahrestages der Völkerschlacht bei Leipzig (1813) verfaßt Jean Paul einen flammenden Aufruf an die Deutschen.

Um 1820
Der Begriff »Fränkische Schweiz« etabliert sich.

1847/1848
Die Krise des Weberhandwerks verschärft die soziale Lage zahlreicher Familien in Oberfranken. Im Folgejahr kommt es zu Unruhen u. a. in Bamberg (14 Bamberger Artikel des Advokaten Nikolaus Titus). Fertigstellung der »Ludwigs-Süd-Nord-Bahn« Nürnberg–Bamberg–Hof.

Um 1900
Um die Jahrhundertwende setzt ein dem heutigen Tourismus vergleichbarer Fremdenverkehr ein. 1901 wurde der »Fränkische-Schweiz-Verein« ins Leben gerufen. Seine Mitglieder prägen bis heute die Freizeit- und Erholungslandschaft der Fränkischen Schweiz.

1967
In der Ausflugsgaststätte »Pulvermühle« nahe Waischenfeld tagt zum letzten Mal die legendäre Schriftsteller-Vereinigung »Gruppe 47«.

1993
Die Altstadt von Bamberg wird in das »Weltkultur- und Naturerbe der Menschheit« aufgenommen, und Forchheim aberkennt Adolf Hitler posthum die Ehrenstaatsbürgerschaft der Stadt.

1995
In der Serie »Bilder aus Deutschland« wird die Fränkische Schweiz durch eine Sonderbriefmarke mit dem Motiv des Judenhofes in Tüchersfeld gewürdigt.

1996
Der Fränkische-Schweiz-Verein e.V. feiert sein 95jähriges Bestehen. Die Vorbereitungen für die 100-Jahr-Feier im Jahr 2001 sind bereits in vollem Gange.

Orts- und Sachregister

Hier finden Sie die in diesem Band beschriebenen Orte und Ausflugsziele. Außerdem enthält das Register wichtige Stichworte, landessprachliche Bezeichnungen sowie alle Tips dieses Reiseführers. Wird ein Begriff mehrfach aufgeführt, verweist die **fett** gedruckte Zahl auf die Hauptnennung. Die **Buchstaben-Zahlen-Kombinationen** verweisen auf die Karten.

An unsere Leserinnen und Leser:

Wir freuen uns, Ihre Meinung zu diesem Reiseführer zu erfahren. Bitte schreiben Sie uns, wenn Sie Berichtigungen und Ergänzungsvorschläge haben oder wenn Ihnen etwas besonders gut gefällt:

Gräfe und Unzer Verlag
Reiseredaktion
Stichwort: MERIAN live!
Postfach 40 07 09
Isabellastraße 32
80707 München

Lektorat: Christiane Filius-Jehne
Bildredaktion: Christof Klocker
Kartenredaktion:
Reinhard Piontkowski

Gestaltung: Ludwig Kaiser
Umschlagfoto:
H. Wohner/Gößweinstein
Karten: Kartographie Huber
Produktion: Helmut Giersberg
Satz: A. von Sohlern
Druck und Bindung: Appl, Wemding
ISBN 3 – 7742 – 0397 – 0

Fotos
R. Scholz 19, 21, 29, 60, 67, 89
S. Thierfelder 4, 58, 86
W. Thierfelder 5, 37, 43, 53, 75, 121
timmermann foto-presse 22
Tourismuszentrale Fränkische Schweiz 13, 112
H. Wohner 2, 7, 8, 9, 10, 17, 24, 27, 32, 33, 35, 38, 40, 45, 47, 50, 55, 59, 62, 72, 81, 83, 93, 97, 98, 102, 106, 107, 108, 114

Dieses Buch wurde auf chlorfrei gebleichtem Papier gedruckt

1. Auflage 1996